仕事も人生も自分らしく

イマドキ女性管理職の働き方

麓幸子
Sachiko fumoto

日経BP

仕事も人生も自分らしく

イマドキ女性管理職の働き方

はじめに

働く女性の活躍を推進する法律「女性活躍推進法」が2016年に施行されて以来、民間企業では「優秀な女性を登用しよう」「女性管理職を増やそう」という機運が一気に高まりました。その後、多くの女性管理職、そしてもうすぐ管理職になるという予備軍が誕生しています。この本を手に取っていただいたあなたも、きっとそのようなお一人だと思います。

ビジネスパーソンにとって「管理職への昇進」はとても喜ばしいことだと思いますが、こと女性に至っては少し様相が異なります。「管理職になりたくない」という女性が少なくないからです。

「希望していないのに、会社の思惑で管理職に上げられてしまった。自信なんて全くない。もう不安しかない」

「年上の男性社員が部下になるし、チーム内には〝女性に何ができる〟と思っている節の人もいる。こんな状況でどうマネジメントすればいいの？」

「仲が良かった女性グループから私だけが昇進してしまった。これまで一緒に会社や上司のグチを言っていたから、自分も何か言われるんだろうな……」

「管理職になるときっと残業時間が増える。うちの子はまだ小さくて手がかかる。育児と仕事の両立なんて絶対ムリ！」


昇進を前に悩む女性たちの心の声を代弁するとこのようなところでしょうか。女性の管理職には、男性にはない様々な葛藤があるわけです。

中にはこうした不安から「私には無理です」と昇進を断ってしまう人もいます。それは実にもったいない。キャリアにおいて大きな損失だと私は思うのです。

私は、そんな不安や葛藤を抱える女性たちに対して、「昇進するチャンスがあるのなら、それを生かしたほうがいい。管理職になることは、あなたの今後の人生の選択肢を広げてくれるから」「あなたならきっと昇進しても大丈夫。きっとできるはず。よき管理職に、よきリーダーになろうよ」とお伝えしたくてこの本を書きました。

これまで長年にわたり取材してきた、たくさんの女性管理職の事例、そして自分自身の体験を紹介することで、ヒントやアドバイスを提供できたらと思っています。

今が働く女性にとって千載一遇のチャンス

私は1988年に創刊された働く女性向けの月刊誌「日経ウーマン」（日経BP）の創刊メンバーで、後に編集長、発行人を務めました。日経ウーマンという媒体を通じて30年以上、数多くの働く女性を取材し、働く女性を巡る状況や政府や企業動向を見てきましたが、「今が働く女性にとって千載一遇のチャンス」だと思っています。

2013年に政府は「日本再興戦略――JAPAN is BACK」の中で、「女性活躍」を成長戦略の中枢に置きました。2016年には、女性活躍推進法が施行されました。従業員301人以上の企業は、自社の女性活躍の状況をチェックし、課題を深掘りしたうえで、女性活躍に関する数値目標を含む行動計画の策定、届け出、公表を義務付けました。

さらに義務付けたばかりでなく、女性が活躍している企業には、厚生労働省が認定して「えるぼし」マークを与えたり、公共工事などの国の入札事業のときにもポイントを付与したりと、優遇する仕組みを作りました。

この取り組みがもたらした企業の変化は大きいと、私は見ています。日本の名だたる企業のトップが「女性活躍は我が社の成長にとって不可欠」と語り始めたからです。

大企業ばかりではありません。中小企業を含め、全国2万3000社を超える企業が女性活躍に関する行動計画を策定し、「当社は女性活躍にコミットしています」と宣言し始めました。こんなことは、推進法施行前にはありませんでした。30年以上取材していて初めてのことです。かつてないほど、女性登用の波が来ています。意欲的な働く女性にとって追い風が吹いているのです。

管理職のオファーが来たら逃さないで

だからこそ、このチャンスを生かしてほしいと思います。新たな職場への異動や昇進のオファーが来たのなら、臆さず受けてほしい。目の前に船が来たら乗ってみてほしい。それを「私なんてできません」なんて断ったり、誰かにそれを譲ったりするのは、とてももったいないと思います。

幸運の女神は前髪しかないそうです。前髪しかないから、出会ったときはしっかりつかまえないといけない。通り過ぎてからつかまえようとしても難しい。後ろ髪がないからです。チャンスは何度もやってくるとは限りません。女性活躍推進法も10年間の時限立法です。だからもし、あなたのところにチャンスが来ているなら、それを十全に生かして「自分らしいキャリアの花」を咲かせてほしいと切に思います。

多くの女性が「管理職になる自信がない」「不安だ」と言いますが、男性からはそのような声はあまり聴いたことがありません。なぜそうなのか。これは男女間の能力の差などではなく、「構造」の問題なのです。

男性と女性では「(会社で) 働くこと」の歴史が違います。会社に入ったときに、見える風景が違います。男性なら、係長も課長も、部長も本部長も、社長も会長も、ほぼ自分と同じ性であるという人がほとんどでしょう。そうすると、働くうえでこうなりたいと思うお手本「ロールモデル」が得やすいのです。「5年後、10年後、20年後、おそらく、自分は昇進してこういうポストに就くであろう」というキャリアの見通しができるわけですね。

このほか、男性は先輩や上司から、会社での好ましい服装やヘアスタイル、組織での振る舞い方、上司の扱い方、管理職としての心構えなど、有形無形の懇切丁寧なアドバイスをもらうことができます。こういう男性同士の助け合いを「オールド・ボーイズ・ネットワーク」と言いますが、女性はどうでしょうか。

多くの会社で女性は少数派です。マイノリティーです。そして、組織において数が少ないだけでなく、女性は働き続けることが難しい。最初の子供の出産で5割近い女性が職場を去ってしまうという現実もあります。

働き続ける女性が少ないと、当然、女性の先輩や管理職の数も少なくなります。

そのため、女性は男性と違って、「こうなりたい」と思うロールモデルが見つけられなかったり、「自分は将来こうなるであろう」というキャリアの見通しも獲得できにくくなったりするわけです。

自分のキャリアの見通しが不透明であることを学術用語で「キャリア・ミスト」と言います。将来のキャリアに、霧がかかっているように先が見えない状態です。

今、日本の働く女性の多くは霧の中を歩いています。そう考えると、不安なのも迷うのも当然だと思います。不安になるのはあなただけではないし、あなたのせいでもない。だから、自分を責めないでほしいと思っています。

まずは女性が陥りやすい思考パターンを断ち切る。そのうえで支援の少ない環境下でどう管理職としてサバイブするかという戦略を立てることが大切です。

自分の力を低く見積もるとチャンスをふいにする

もう一つ、気になることがあります。それは「女性は自分の力を低く見積もり過ぎる傾向がある」ことです。スイスのビジネススクールＩＭＤ教授のギンカ・トーゲルの著書『女性が管理職になったら読む本』（日本経済新聞出版社）に興味深いデータが紹介されていました。米ヒューレット・パッカード社の社内調査によると、社内公募があったとき、男性社員は要求水準の60％しか満たしていないと感じてもとりあえず応募してみようと考えるのに対し、女性社員は要求水準を完全に満たしていると確信が持てなければ応募をためらう傾向があるそうです。

あなたの周りにもいませんか。実績がないにもかかわらず妙に自信たっぷりで、「この根拠レスな自信はなんなの？」と思ってしまう男性が。かたや誰がみても実力も実績もあり、十分その仕事ができるのにもかかわらず、差し出されたチャンスに対して、「私には無理だと思います」と曖昧な笑みを浮かべて断ってしまう女性。何度も言いますが、実にもったいない話です。

自分の力を低く見積もると、正当なチャンスをふいにして損をします。もし、あなたのところに昇進のオファーが来たのなら、まずは受けましょう。会社があなたの実力を認めた証拠なのですから。

「無理かも……」と思ったら、「女性は自分の力を低く見積もる傾向がある」という客観的事実を思い出してください。あなたも自分の力を正確にジャッジできず、低く見積もってドキドキしているだけなのです。

本音ベースでは、女性の力をなかなか認めたがらない会社が多い中で、昇進の機会が訪れたということは、あなたには、まごうことなきその力があるということ。「あら、オファーが来るのが遅かったわね」くらいの気持ちで堂々と受けましょう。

「あの人でも管理職をやっていけている」

働く女性を対象とした講演の後に、参加者から、「会社から管理職になれ、なれと言われていて困っている。自分にはそんな力があると思えない」という質問をよく受けます。そんなとき私は、「あなたの会社の管理職は人柄も素晴らしく仕事もできるという人ばかりですか？『管理職になって当然』と思う人だけが昇進していますか？」と問いかけます。

そうすると、おそらく管理職の誰かの顔を思い浮かべるのでしょうね。ほとんどの女性が、「確かにそんなこともないなあ」と、ふっと柔らかい表情になります。失礼ながら、「あの人でも管理職をやっていけているんだから」と考えれば気が楽になるわけですね。

そうなんです。一緒に飲みに行ったりゴルフをしたりして、多くの管理職と親しくなり、その人柄も実力も知る機会が多い男性たちは、「あの程度で管理職になれるのならオレだって……」と思っているのです。

つまり、男性たちは自分の力を高く見積もりがちで、なおかつ管理職になる心理的ハードルが低い。女性はその逆で、自分の力を低く見積もりがちなうえに、無意識のうちに〝完璧な管理職像〟を抱いてしまい、自分でハードルを高くしている。女性が管理職を敬遠するのはこういうからくりがあるのです。

ですから、女性は自分の力を低く見積もらず、なおかつ管理職のハードルを高くしないことが大切です。不安になったら「あの人でも……」と想像してみてください。そうすれば「じゃあ、私がなってもよいかな」と軽い気持ちで昇進を受けられるのではないでしょうか。

管理職になる前は不安だらけだった

私の管理職体験をお話ししましょう。私自身が日経ウーマンの編集長に昇進したのは、44歳のときでした。編集長の内示を受けたときは、自分の実績が評価されたのでうれしかったものの、「果たして部下マネジメントができるのか」「組織を率いるリーダーとして大丈夫なのか」という強い不安がありました。

そして何よりの懸念が育児と仕事の両立でした。私は日経ウーマン初の子持ちの女性編集長でした。とはいえ、子供は当時、高校生と中学生でしたので、手のかかる〝小さな子供〟ではありませんでしたが、思春期の子供を持つ母親としてのそれなりの悩みがありました。

しかし、結果として管理職になったことは大正解でした。自分一人で一生懸命働いても、アウトプットできる記事の量はたかが知れています。でも、編集部一丸となって当たれば、よい特集が何本も組めます。読者のニーズに沿った訴求度の高い雑誌が出来上がります。「ヒト・モノ・カネ」を使い、自己裁量で編集部を率いて事業を遂行する。チームを率いて仕事をするやりがいは、まさに管理職でしか味わえない醍醐味でした。

そして心配していた育児との両立は、編集長になってからのほうがグンと楽になりました。これは体験しないと分からないことでした。編集部の会議の設定、作業フローなどは組織のトップである私が決定します。当然ですが、夜遅い時間帯に会議は設定しません。締め切り間際の残業は仕方ないにせよ、子供がいますから、なるべく残業は発生させたくない。会議は午前中か午後の早い時間に設定し、会議や打ち合わせもできるだけ効率よくスピーディーにしました。メールや電話などで済ませられるものはそれで対処しました。

つまり、今思うと、「(なるべく)残業しない・できない・したくない」という〝時間の制約〟が自分にあったので、生産性を上げる働き方改革を実行できたと思います。

結果、編集部全体のタイムマネジメント力が上がり、生産性が高まりました。ワークライフバランスに関しても格段によくなりました。この話を管理職向けの講演でお話しすると、多くの方から「そこは気づかなかった」という感想をいただきます。管理職としての〝想定外のメリット〟なのでしょう。

管理職ならではの「やりがい」や「達成感」を感じてほしい

私は優秀な部下に恵まれて、幸運にも雑誌の売り上げを伸ばすことで会社に貢献できました。そして部下の成長を支援することができました（当時の部下の多くはその後、様々な媒体の編集長になっています）。組織マネジメントやリーダーとしての経験は、何物にも代え難い、大きな学びになりました。管理職を経験したことで、自分の人生の選択肢が確実に広がりました。

私だけではありません。以前、「日経ウーマンオンライン」でアンケートを実施したときに、女性管理職の約7割が「管理職になってよかった」と回答していました。多くの人が、私と同じように組織をマネジメントして事業ミッションを遂行することに「やりがい」や「達成感」を感じ、また、人を育成することの喜びを堪能していました。

ですから、何度も言いますが、管理職を目指してください。管理職のオファーがあったらそれを生かして〝あなたらしい管理職〟になってほしいと思います。

私は本書で、これまで取材してきた多くの女性管理職の実例から見つけ出したベストプラクティスをみなさんにお伝えします。ノウハウやソリューション、情報をご紹介したいと思います。

本書が自分らしい管理職になるために、そして輝かしいキャリアを築くための一助になりましたら幸甚です。

仕事も人生も自分らしく
イマドキ女性管理職の働き方
もくじ

第1章 女性たちよ、チェンジメーカーになろう

第2章 管理職のネガティブイメージを取り払おう

第3章

管理職として必ずやっておきたいこと

第4章

女性管理職お悩み相談室（職場編）
～職場のコミュニケーションはこう解決する

第5章 女性管理職お悩み相談室（家庭編）～仕事と私生活を上手に両立させるために

第6章 私のキャリアの軌跡 ～1つのサンプルとして

第1章

女性たちよ、チェンジメーカーになろう

パート

1

今の時代をどう読み解くか

あなたのこれからのキャリアを考えるうえで、今の時代をどう読み解くかはとても大事です。読み解き方を間違ってしまうと、キャリア戦略も間違ってしまいますから。「はじめに」でも書きましたが、私は、今の時代は働く女性にとって千載一遇のチャンスだと思っています。大きな時代の変わり目であり、さらに女性たちの力でよりよい方向に変えることができるのではないかと希望を持っています。

ここでは時代を読み解くために、働く女性を巡る状況、政府や企業動向、なぜ女性の活躍が必要なのかということを解説いたします。

多少堅苦しくなりますが、お付き合いください。

あなたの会社はどんな取り組みをしている？

政府が「女性活躍」を成長戦略の中枢に置き、女性活躍推進法で企業に女性活躍に関する数値目標を含む行動計画の策定、届け出、公表を義務付けてから、働く女性の世界は変わりました。

例えば各企業は、「当社は２０２０年度末までに、女性管理職比率を20％にする」という目標を定め、その目標設定のために「２０１８年に管理職のダイバーシティ研修を実施する」「２０１９年に女性管理職候補生対象の研修を実施する」「毎年、女性活躍推進フォーラムを開催する」などの行動計画を作成して労働局に届け、ホームページなどで公表し始めました。

「最近、社長が急に『女性活躍』と言い始めた」「会社が最近、女性だけを集めた研修を始めた」などと、自社の変化を感じている人も少なくありません。

自分の会社がこうした取り組みをしているなら、女性活躍の数値目標や行動計画がホームページなどで公表されているはずですから、それをチェックしてみてください。あなたの会社のトップが女性の活躍に対してメッセージを発信しているかどうか、自社がどんな女性活躍の目標を持っているのか、そのためにどんな取り組みをしようとしているのか——。これらを知ることは、自分の将来のキャリアを考えるうえで大切なことです。

では、実際に行動計画を立てている会社はどのぐらいあるか。答えは、全国2万3091社（2019年12月31日時点）。この数は全体の社数からみたら微々たる数字かもしれませんが、これまではこうした動きがなかっただけに、時代は確実に変わってきたと言えます。

「女性が活躍する企業＝ホワイト企業」

女性活躍推進を宣言している会社かそうでない会社かで、企業イメージは大きく違ってきます。当然、人材の獲得しやすさも違います。学生の企業選びのポイントの一つは男女問わず、「会社がブラックかホワイトか」ということ。どちらがホワイト企業と思われるかは一目瞭然でしょう。

　こうなると、企業経営者の意識も当然変わってきます。「同業他社は女性管理職が活躍しているのに、うちはほとんどいない」となってくると、社長や役員などの会社のトップ層はザワついてきます。「女性の登用なんて全く考えていなかったけど、うちもやり始めないといけないいな」と、女性活躍に取り組むようになるわけです。

　また、本音では「女性なんてダメだ、使えない」と思っていても、そういうことを大っぴらに口にするのはイマドキの経営者としてはまずいという認識も高まっています。「うちの会社の女性活躍推進なんて建前だ」とあなたが思ったとしても、以前はその建前すらありませんでした。

　たとえ建前であっても、それを自身のキャリアを築くために活用しましょう。「ポーズだけで本気に取り組んでいない」と思っているのであれば、会社が本気で取り組むように仕向けていく。また、自社が従業員301人以上であるにもかかわらず、数値目標も行動計画もない場合は、コンプライアンス上で問題あり。取り組むように会社に働きかけてみてください。この〝機〟を活用しない手はないからです。

目指すべきは「ダイバーシティ経営」

政府はなぜ、こんなにも女性活躍を勧めるのでしょうか。それはまず、働き手が今後圧倒的に足りなくなるという問題があります。２０１５年の生産年齢人口（15歳以上65歳未満）を１００とした場合、２０６５年には4割減るという推計があります（国立社会保障・人口問題研究所／２０１７年）。働き手が中長期にわたって減ってしまう。それでは、国も企業ももちません。

では、どうするか。そう考えたときに、「女性の存在」が改めて浮かび上がってきたのです。女性は男性と同じように高い教育を受けているのにもかかわらず、男性と同じように社会で活躍できていない。この女性たちに働いてもらおうと思い至ったわけです。

政府のある資料の中で、女性のことが「眠れる資源」と書かれていて、アレッと思ったことがあります。「私たち女性は眠っているわけではない。眠らされていたのだ」と感じたのです。正しい表現をするなら、「眠らされていた資源」でしょう。その眠らされていた我々女性に目を覚ましてもらい、活躍のステージにどうぞ上がっていただこうというのが、女性活躍推進法へとつながりました。

女性の活躍は、働き手という量的な観点だけでなく、質的な観点でも重要です。これまで日本の組織の意思決定層には男性しかいませんでした。しかも、「50代以上、男性、日本人、有名大学卒業」という同じようなスペックのメンバーで組成されることが多かったのです（あなたの会社のボードメンバーはどうでしょうか）。

このようなモノカルチャーの集団は空気を読み合い、〝あうんの呼吸〟でいろいろなことを進めます。昭和の高度経済成長期には、経済合理性の高い組織形態でしたが、今や時代は令和に替わり、環境は様変わりしています。

国際政治も経済状況も先行き不透明、ＡＩ（人工知能）やＩｏＴ（モノのインターネット）など、テクノロジーの急速な変化で産業構造も変わろうとしている世の中においては、このような単一のモノカルチャーな組織では、新たな価値創造やイノベーションが生まれにくいと言われています。

今、政府は、企業が目指すべきは、「ダイバーシティ経営」だと強調しています。

ダイバーシティとは「多様性」のこと。つまりダイバーシティ経営とは、これまでのように壮年の男性だけしか活躍できない組織ではなく、「多様な人材を生かし、その能力が最大限発揮できる機会を提供することで、イノベーションを生み出し、価値創造につなげている経営」（経済産業省資料より）のこと。これからの日本企業が競争力を高めていくために必要であり、有効な戦略なのです。

「多様性」に関しては、性差、国籍、年齢、信条など様々なものがありますが、ダイバーシティ経営の第一歩は「女性の活躍」です。女性の活躍はダイバーシティ経営のイントロダクション（試金石）と言われています。日本語と日本の文化を理解している自国の女性が活躍できないような組織であれば、他の人材（例えば外国人など）の活躍はより難しいでしょう。

海外からも日本の経済成長の推進力として女性の活躍は期待されています。ＩＭＦ（国際通貨基金）のラガルド専務理事（当時）は、２０１２年に「急激な高齢化による日本の潜在成長率の低下に歯止めをかけるには、女性の就業促進がカギ」「日本の女性労働力率が他のＧ７（イタリア除く）並みになれば、一人当たりのＧＤＰ

が4％上昇、北欧並みになれば8％上昇する」と述べています。

女性活躍には4つのビジネスメリットがある

企業経営におけるダイバーシティには4つのメリットがあるといわれています（図1）。メリットの1つ目は「優秀な人材の確保」。ダイバーシティ経営を実践する企業であれば当然、女性人材の獲得、育成・登用にも熱心です。採用のときも性差を問わず優秀な人を採用することになる。ダイバーシティの考え方は、人材活用の母集団を広げることにつながるため、優秀な人材を確保できる確率が高まります。

2つ目は「多様な市場ニーズへの対応」です。家計支出のうち妻の意思決定割合は、日本で約74％、世界でも約64％だというデータがあります。日本を見ても世界を見ても〝お財布〟は妻が握っているのです。

これは、女性顧客のニーズに応じた商品・サービス開発や販売戦略が必須だということ。ダイバーシティ経営ができているところ、つまりは女性が活躍する企業で

図1　企業経営におけるダイバーティ４つメリット

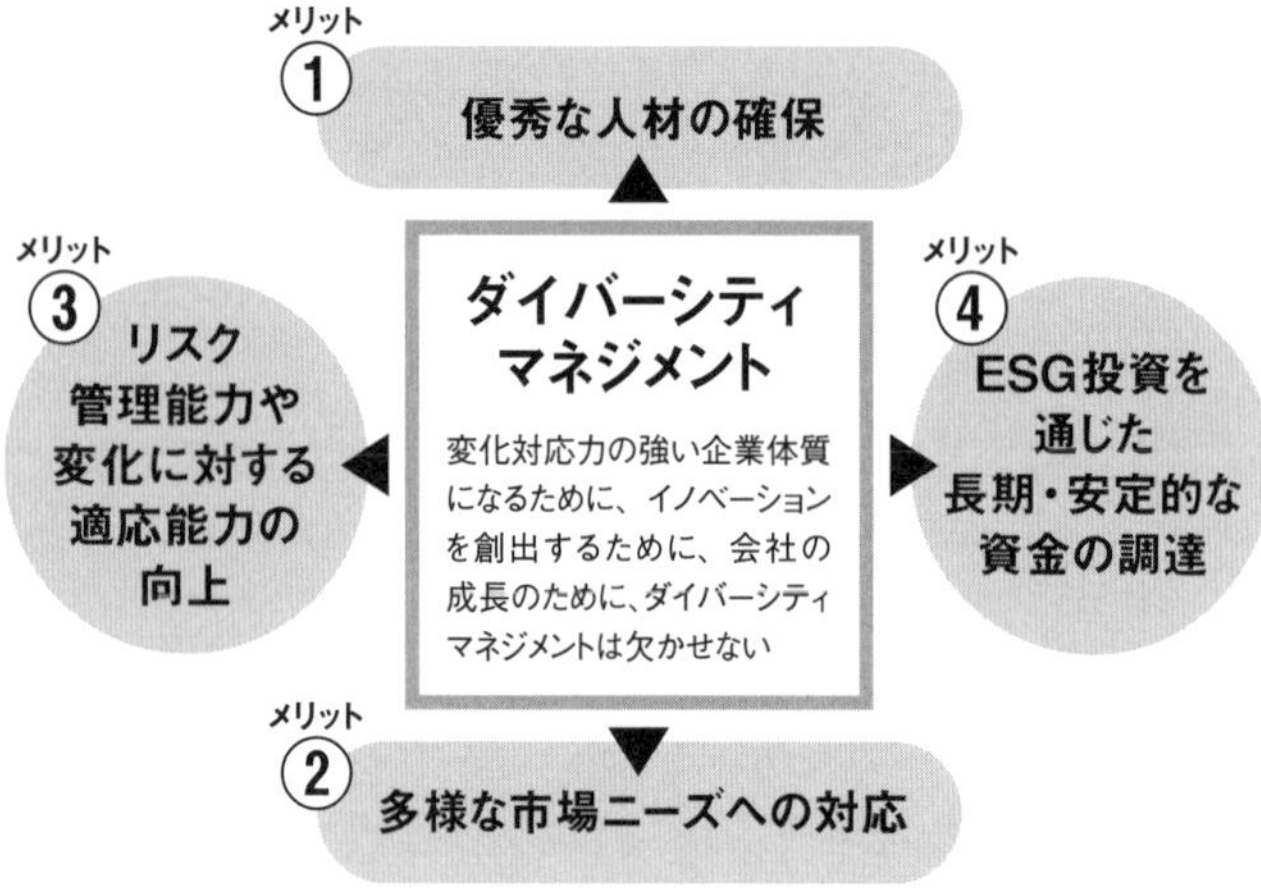

※「成長戦略としての女性活躍の推進」（経済産業省、2016年）を基に制作

あれば、女性のニーズをくみ取った事業戦略や開発ができるわけです。

ちなみに商品やサービスに革新が起こることを「プロダクトイノベーション」と言いますが、女性が活躍することで「プロセスイノベーション」も起こります。

例えば、女性技術者が工場に配置されることをきっかけに、女性が仕事しやすいように工具を置く棚の高さを変えたり、工具そのものを軽量化したりすると、女性のみならず工場で働く男性もシニア層も働きやすくなり、全体の生産性が向上することなどを指します。

男性だらけの組織では分かりにくかっ

た現場の課題（この場合は、取りにくい棚の高さや重たい工具）が、女性が入ることによって可視化され、それが改善される。生産ラインにおける女性の活躍が、プロセスイノベーションを起こした例です。

3つ目は、「リスク管理能力（ガバナンス）や変化に対する適応能力の向上」です。「女性役員が1人以上いる企業は、能力の範囲拡大やガバナンス強化などによって破たん確率を20％減らせる」という調査結果があります。これは、役員に男性しかいない場合、価値観や行動パターン、情報収集のためのアンテナの向きなどが同じになりがちで、様々なリスク要因や変化をキャッチしにくくなりますが、それが女性という別の視点・能力を持つ存在がいると改善されるということです。

今は「VUCA（ブーカ）の時代」といわれています。VUCAとは、Volatility（変動性）、Uncertainty（不確実性）、Complexity（複雑性）、Ambiguity（曖昧性）の頭文字を取った言葉で「予測不能な時代」を表します。

不透明な国際政治と経済状況、さらには第4次産業革命によって産業構造のパラダイムシフトが起こりつつある今、まさにリスク管理能力や変化に対する適応能力を向上させることが重要になっています。

日本経済新聞2020年2月3日の朝刊によると、米金融大手ゴールドマン・サックスは、ダイバーシティ（多様性）をもたらす人材が取締役会に1人もいない企業の上場は支援しないと表明しました（例えば、全員日本人の男性であるような場合は上場を支援しないという意味合いかと思います）。デービッド・ソロモン最高経営責任者（CEO）は、取締役会の多様性は「極めて重要」で、上場企業のうち取締役に女性を1人以上起用している企業はそうでない企業より業績が著しくよくなる傾向があるとデータで実証されていると語ったそうです。

そして4つ目のメリットは、「ESG投資を通じて長期・安定的な資金調達ができる」ということ。EはEnvironment（環境）、SはSocial（社会）、GはGovernance（企業統治）の頭文字で、このESGについて適切に対応する企業は投資家に好まれ、長期的な資金調達ができるということです。

「社会」とは人権や従業員に関する取り組みなどを含みますが、その「S」の主要な〝ものさし〟として、女性の活躍があるといわれています。欧米では大手年金基金の多くがＥＳＧ投資を採用し、一部の機関投資家は企業のダイバーシティを推進する観点から、投資先企業への働きかけ（エンゲージメント）を行っているそうです。なお、全世界の機関投資家が運用する運用資産の約30・２％をＥＳＧ投資が占めているといわれています（GSIA, Global Sustainable Investment Review 2014／経済産業省資料より）。

女性の活躍が進む企業ほど、経営指標がよく、株式市場での評価が高まることは世界中の様々なデータが証明しています。日本でも女性の活躍推進に取り組んでいる企業は、株式パフォーマンスがＴＯＰＩＸ平均を上回る水準で安定して上昇する傾向があるという調査結果があります。

ここで私が、働く女性のみなさんにお伝えしたいのは、女性が活躍するような組織になれば、会社にとって様々なメリットが生まれる可能性が高いということです。自分の会社が「法律ができたから仕方なく女性登用を試みている」にすぎないとしても、私たち女性が働かないと、企業活動が成り立ちません。

また、男性だけで物事を決めていたのでは、変化の激しい時代に到底合わず、新たな価値やイノベーションが生み出しにくいのは明らかです。つまり、女性が活躍することで、会社を強くすることができるのです。

加えて、女性が活躍できる組織には、会社全体にいいインパクトが起こり得ます。売れる商品やサービスが生まれたり、組織のいろいろなムダを省いて生産性を高めたりすることができる。私たち女性がイノベーションを起こす起点であり、主体となり得ることをぜひ知っていただきたいと思います。

「今さら言われても……」という人も

逆に避けていただきたいのは、この女性活躍のムーブメントをナナメに見てしまうこと。例えば、「女性活躍や女性登用……。私には関係ないわ、若い子の話でしょ」と思ってしまうこと。「40代以上のベテランの女性社員が会社の女性活躍施策に乗ってこない。冷めている」と嘆く担当者も少なくありません。あるメーカー勤務の40代の女性Aさんは、私にその理由を教えてくれました。

「女性ということでこれまであまり期待されてこなかったし、どんなに一生懸命働いても人事評価は男性より低くされる。当然、昇進も遅い。女性ゆえの悔しい思いを何度もしてきた。それが数年前からいきなり『女性たちに活躍してもらわないと』『君たちに頑張ってもらわないと困る』とか言われても、正直気持ちがなかなかついていかない」

これまでAさんが受けた理不尽な処遇を考えると、こう思うのも十分理解できます。けれども今は、昔のことはいったん置き、〝波〟に乗ったほうがよいと私は思います。なぜなら、これまで人権や福利厚生の文脈で語られることが多かった「女性の活躍」が、成長戦略の中枢に置かれて様々なビジネス上のメリットと結びつくということが、はっきりと経営者に認知されるようになっているからです。

私はこれまでの多くの取材を通じて、女性活躍に本気の経営トップが増えてきていると実感しています。ですからぜひこの波に乗ってほしい。女性を対象にした研修があれば、どんどん手を挙げて参加してほしい。異動や昇進の打診がきたら臆せず受けてほしい。それがあなたのキャリアの選択肢を間違いなく広げるはずです。

パート2

日本で女性が活躍できなかった理由

「男女平等ランキング、日本過去最低、121位に後退」——。2019年12月17日、世界経済フォーラム（WEF）は、世界153カ国を対象とした「ジェンダー・ギャップ指数2019」を発表しました（図2）。

これは、経済、教育、政治、健康の4つの分野の各国内の男女間の格差を数値化して国別にランク付けしたもので、2019年版で日本は前年の110位から後退し、121位となりました。ちなみに、120位はアラブ首長国連邦、122位はクウェートです。

世界経済大国3位の国でありながら、この低い順位にあぜんとしませんか。G

図2　世界「男女平等ランキング」

1（1）	アイスランド
2（2）	ノルウェー
3（4）	フィンランド
4（3）	スウェーデン
5（5）	ニカラグア
6（7）	ニュージーランド
7（9）	アイルランド
8（29）	スペイン
9（6）	ルワンダ
10（14）	ドイツ

〜

53（51）	米国
106（103）	中国
108（115）	韓国
121（110）	**日本**
153（149）	イエメン

カッコ内は昨年順位

出所：世界経済フォーラム（WEF）
「ジェンダー・ギャップ指数2019」

7（先進7カ国）では、10位のドイツがトップで、以下フランス（15位）、カナダ（19位）、英国（21位）、米国（53位）、イタリア（76位）と続き、日本はダントツの最下位。他の先進国中でも最低ランクに位置しています。なお、上位は1位アイスランド、2位ノルウェー、3位フィンランドと北欧の国が占めています。

分野別で見ると、日本は4分野のうち、「教育」（91位）と「健康」（40位）分野はまだいいとして、「政治」（144位）と「経済」（115位）分野が特に低い結果となりました。政治分野では首相に一度も女性が就任したことがなく、議員や閣僚に占める女性比率も低い。そして経済分野でも管理職や経営者の女性が少ないことが指摘されています。

日本は残念ながら「女性が活躍しにくい国」と言わざるを得ません。

世界で突出して低い女性管理職割合14・9%

女性管理職比率を見ていきましょう。あなたの会社に女性管理職はいますか？ あなたが管理職の場合、他に何人の女性管理職がいますか？

「平成29年度雇用均等基本調査」（厚生労働省）によると、課長相当職以上の女性管理職がいると回答した企業は54・1%にとどまります。つまり、5割近くの企業でまだ課長相当職以上の女性管理職がいない現状です。

管理職に占める女性の割合（女性管理職比率）は、その会社の女性活躍の状況を表す一つのバロメーターですが、国際比較しても日本の女性管理職比率はかなり低いことが分かります（図3）。

図3　就業者及び管理的職業従事者における女性の割合

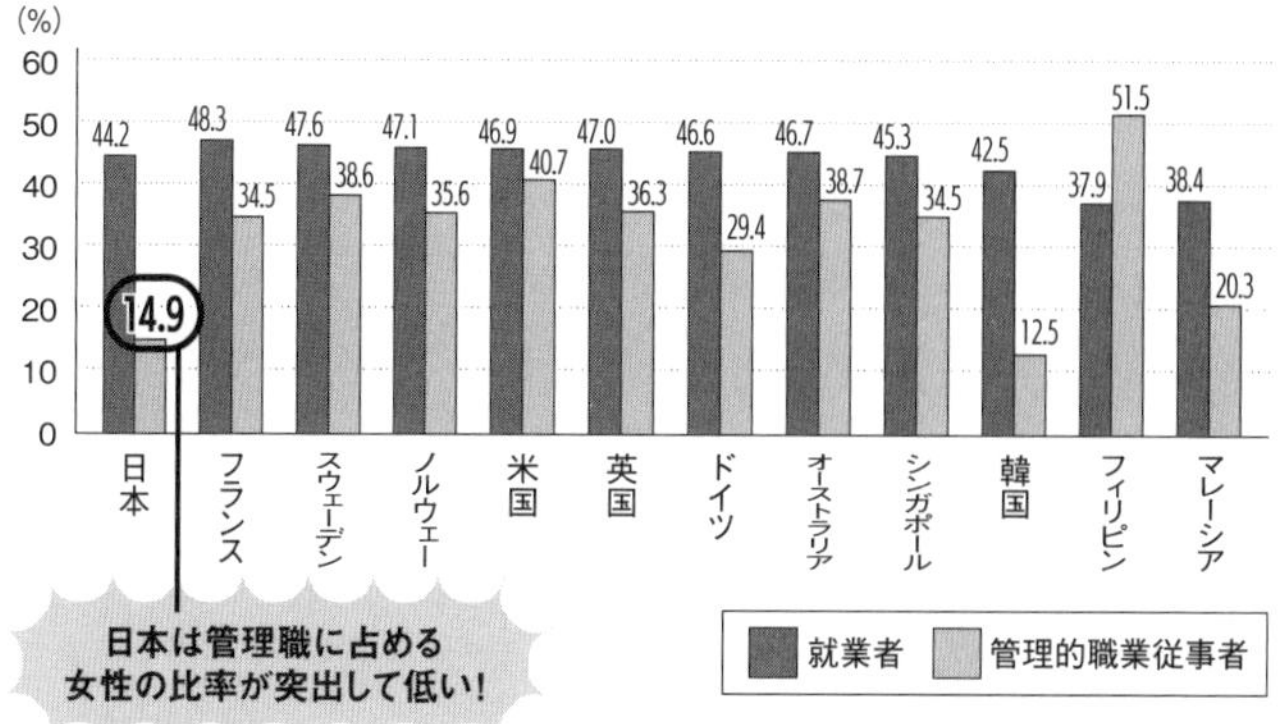

（備考）
1. 総務省「労働力調査（基本集計）」（平成30年）、その他の国はILO "ILOSTAT"より作成
2. マレーシアは2016年、オーストラリア、シンガポール、韓国とフィリピンは2017年、その他の国は2018年の値
3.「管理的職業従事者」の定義は国によって異なる。日本では課長相当職以上

※「令和元年版　男女共同参画白書」（内閣府）を基に制作

図3を見ると就業している人に占める女性の割合は、日本は44・2%で他の国と比べても遜色がありませんが、管理的職業に占める女性の割合になると14・9%と突出して低くなります。

次に、会社の役職者の中で女性たちがどれだけいるかを時系列で追ってみましょう。「男女共同参画白書」（内閣府）に掲載されたデータを見ると、平成30年（2018年）で課長職では11・2%となっています（部長職では女性比率はさらに下がって6・6%です）。

平成元年（1989年）は女性の課長職比率は2%でしたので、30年かけて〝ようやく〟10%を超えたことになります。役職者に占める女性比率は右肩上がりで推移しているものの、スピードが極めて遅いのです。

日本も女性活躍推進法を作り、様々な取り組みをしているものの、諸外国の変化のスピードが速く、取り残されています。

最初の妊娠で半分近くの女性が職場を去る

では、日本ではなぜ、女性管理職が少ないのでしょうか。

第一に「女性は働き続けにくい」という現実があります。今は結婚を機に会社を辞める女性は減りましたが、大きな壁になっているのは、妊娠・出産・育児です。日本では、最初の子供の妊娠・出産を契機として5割近くの女性が職場を去るということをご存じでしょうか。出産しても働き続けたいと思っていても、「子供を預ける保育園が見つからなかった」「働き続けたいけれど、残業が多くて両立がとても無理」など様々な理由で仕事を辞めてしまうのです。

これは実にもったいないことです。これまで培ってきた自分のキャリアが意に反して断たれるということだからです。会社にとっても時間と手間をかけて育成してきた女性が、「さあ、これから」というときに退職してしまうのは大きな痛手です。女性にとっても会社にとっても大きな損失なのです。

日本では、企業の中枢幹部への選抜は、入社15年前後と、入社からかなり時間がたってから行われます。長期にわたりいろいろな職務を経験させてから、時間をかけて管理職ポストに合う人材かどうかを見極めて昇進させるのが一般的です。

つまり、入社から15年ほど働き続けている女性がいなければ、「管理職候補となる女性もいない」ということになります。大学卒業後の22歳から働いたとしても、37歳まで働き続けてようやく管理職が見えてくる計算です。

20~30代にかけて結婚・妊娠・出産・育児というライフイベントがある多くの女性にとって、この15年を乗り切ることは、男性と違い、そう簡単なことではありません。

「専業主婦」がいることを前提に仕事が組まれている

日本の女性が働き続けにくい理由の一つには、日本の雇用システムと男女の性別役割分業に原因があるといわれています。

同志社大学教授の川口章氏は、著書『ジェンダー経済格差』（勁草書房）の中で、日本では、「企業における女性差別的雇用制度」「家庭における性別分業」「ワークライフバランス（ＷＬＢ）を妨げる社会経済制度」が均衡状態にあると指摘しています。

会社は、総合職・基幹職の社員には、長時間労働や突然の残業や出張、転居を伴う異動を求めますが、家庭や育児に責任を持つことが多い女性は、それに応じることができません。女性は会社が求めるような、時間の制約・制限がない「24時間働けます」といったイメージさえある男性並みの働き方ができないため、基幹的職種から排除されてしまうのです。

その結果、女性たちは仕事を辞めて家庭に入り、家事や育児を引き受けます。女性が家事・育児を引き受けることで、家庭を持っても男性たちは会社が求めるような時間の制約や制限のない働き方ができるようになります。このような会社における女性差別的雇用制度と家庭内における性別役割分業が強い相互関係を持ち、女性の就業継続を困難にしているわけですね。

これをもっと分かりやすく言うと、日本の会社は「専業主婦のいる男性」をデフォルトにシステム化されているということです。「奥さんに、家事・育児・介護を丸投げして、時間の制約なく働けることが大前提」で、突発的な事柄にも対応でき、泊まりがけの出張も、引っ越しを伴う転勤もいとわないのが、これまでの会社員の姿でした。また、長時間働くことが会社への忠誠心の証しでもあり、美徳といわれてきました。

このように無制約・無制限に働くことのできる男性の働き方を基準として、日本の多くの会社は運営されてきたわけですが、家事・育児を担うことが多い女性は、こんな働き方は到底できません。男性は専業主婦付きで、食事も洗濯も子育てもすべて誰かに任せて思う存分働ける。しかし、女性が結婚して子供を持ったうえで、働きたいと思ったら、そのすべてを自分でやらないといけない。これはフェアな状況ではありません。

家事も育児もしながら企業で活躍もするなどということは、スーパーウーマンでもない限り、土台、無理な話です。日本でこれまで女性活躍が進まなかったのは、当然だと思います。

こうした状況を改善するには、単に女性の活躍を支援するだけでは十分ではありません。「企業における女性差別的雇用制度」「家庭における性別分業」「ワークライフバランス（ＷＬＢ）を妨げる社会経済制度」の３つが均衡を保っているシステム全体を裏返す必要があります。

つまり、企業における女性差別的雇用制度をやめ、家庭における性別分業をなくし、男性も家事・育児をできるようにし、ワークライフバランスを推進する社会経済制度に変えるということです。

パート

3

自分が変革を起こす人になる

世界から取り残されてしまった女性活躍後進国ニッポンですが、私は大きな地殻変動を感じていて、それが働く女性にとってチャンスになると思っています。なぜなら、「専業主婦のいる男性」というこれまでのデフォルトが崩れてきているからです。図4を見てください。これは、「共働き世帯数」と「男性が働いて女性は専業主婦という片働き世帯数」の変化を時系列で見たものです。

1980年以降、共働き世帯数は年々増加し、1997年には、片働き世帯数を抜きました。特に2012年からその差は急速に拡大し、2018年には共働き世帯は1219万世帯、片働き世帯は606万世帯になり、共働き世帯は片働き世帯

図4　共働き世帯数の推移

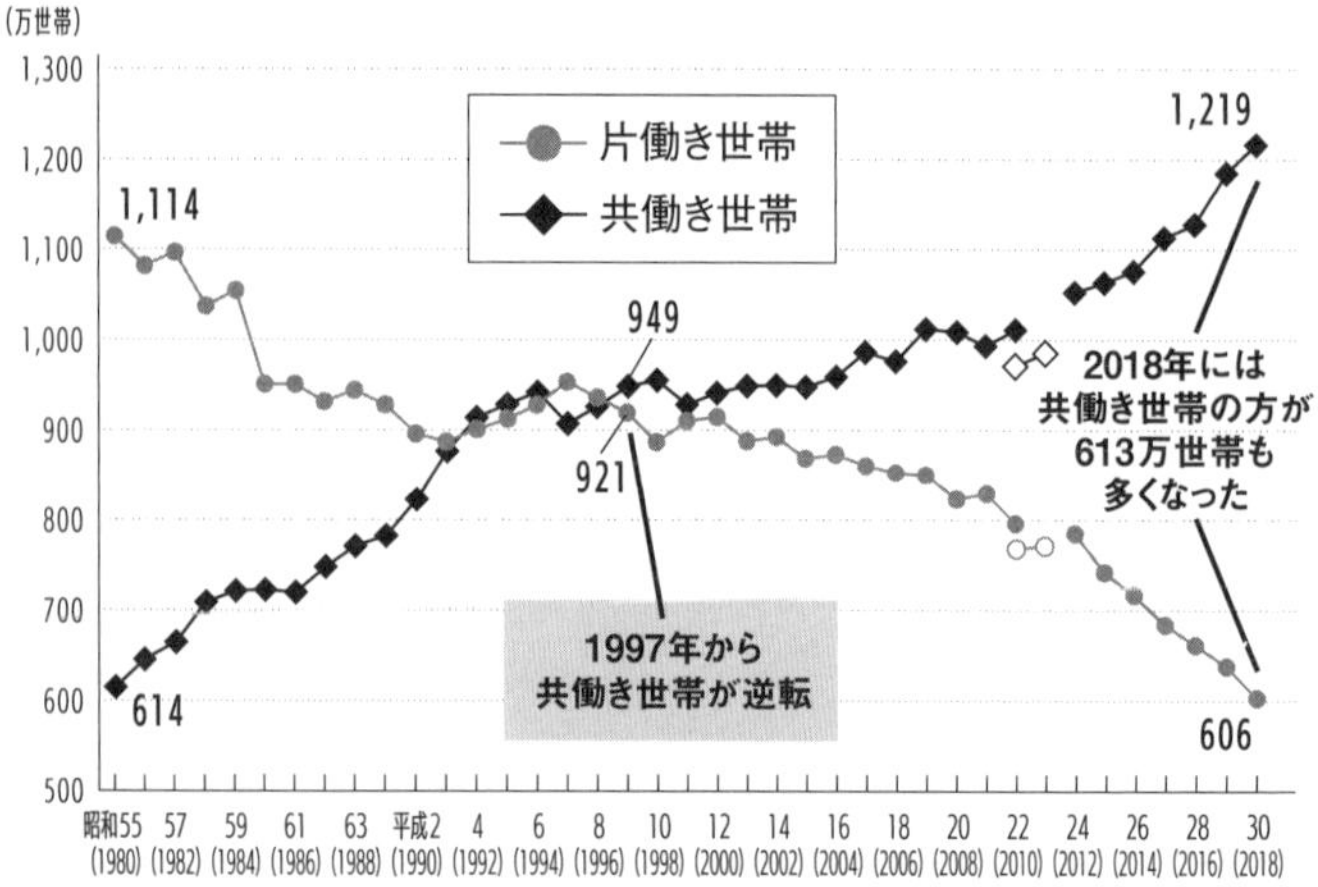

※「令和元年版　男女共同参画白書」（内閣府）を基に作成

よりも６１３万世帯も多くなったのです。

これまで標準と考えられていた「男性は仕事、女性は家庭」という世帯は、もはや少数派になりました。

妻には結婚後も働いてもらいたい

今の若い層は、共働きが当たり前になりました。結婚後も妻が働いてくれることを望む男性も少なくありません。なぜなら、彼らは父親世代のように一つの会社に正規雇用されて長期にわたり経済的な安定を獲得できるとは思っていないからです。このため、自分が専業主婦を抱え、自分一人で家族を養うことに大きなプレッシャーを感じています。

また、彼らは「父親世代のように仕事だけの人生を送りたくない」「私生活も楽しみたい」と考えていたりもします。日本労働組合総連合会（連合）の調査（２０１４年）を見ると、「20代の男性の８割が育休取得意向を持つ」など育児参加意欲も高い傾向が見られます。若手男性は中高年男性とは違う価値観と行動様式を持っているわけです。これも地殻変動を起こしている要因だと考えています。

一方、中高年層にとっては「親の介護」という問題が発生します。２０２５年、団塊の世代が後期高齢者となり、日本は高齢化率30％という世界で類を見ない「超高齢国家」に突入します。こうなると、介護と仕事の両立が大きな問題になってきます。育児と仕事の両立は主に女性の問題でしたが、介護との両立は女性のみならず男性にも大きな問題になってきます。

たとえ主婦専業の妻がいたとしても、その妻は自分の親の介護で精いっぱいで、「あなたの親はあなた自身が介護してください」と突き放されたという話を何人かの男性管理職から聞いたことがあります。

若い世代には育児の問題が、中高年には介護の問題が生じる。それを一手に引き受けてくれる「専業主婦」はもういない。「専業主婦」がいたから成り立っていた日本の労働慣行が大きく問い直される時期がきているのです。

私は「日経ビジネス」誌上で、このように長いキャリアの中で、時間制約・制限が生じる可能性がある人たちを「新しいマジョリティ」と名付けました。こちらのほうがすでに組織の主流派だからです。育児や介護と仕事を両立させる人だけでなく、病気を抱えながら働いたり、または、アフター5に社会人大学に通って自己研さんに励んだりするなど、様々な理由で時間制約を有する人は組織の7割程度いるのではないかと指摘する専門家もいます。

これまでは、女性が男性並みに働かないと認めてもらえない時代でした。しかし、今は男性も時間制約・制限が生じる可能性があるという意味で「女性並み」になった、もしくは「女性」の働き方のほうがスタンダードになったといえるかもしれません。いずれにしても、新しいマジョリティの台頭により、社会のいろいろな仕組みを変革させるときがきていると思います。

「男性中心型労働慣行」から脱しなくてはいけない

2015年12月に閣議決定された「第4次男女共同参画基本計画」（以下、基本計画）に記載されている「男性中心型労働慣行等の変革」という言葉を見つけてオッと思いました。これは、「専業主婦のいる男性」を標準とした労働慣行ということです。第4次基本計画では、ここにメスを入れているのです。

高度経済成長期に形成された固定的な役割分担意識と男性中心型労働慣行を見直し、男性の家庭生活への参画を強力に促進することで女性活躍の推進を目指す。長時間労働を是正し、ICT（情報・通信技術）サービスを活用し多様で柔軟な働き方が選択できるよう働き方改革を推進する――。このように基本計画には書かれているのです。

つまり、女性が社会で活躍するためには、それと同じくらい男性の家庭参画が必要であり、そのためには固定的な役割分担意識と男性中心型労働慣行から脱しなければいけないと言っているわけです。

これは、すなわち、前のパートで紹介したように、企業における女性差別的雇用制度を見直し、家庭における性別分業もなくし、男性も家事・育児をできるようにし、ワークライフバランスを推進する社会経済制度に変えるということと同義です。

これまでの「女性の活躍」は、女性だけに努力を求めていたように思います。でも、今変わるべきは、「男性の働き方」であり、「長時間労働は美徳」というような会社の旧守的な価値観や社風、労働慣行であると政府は言っているのです。そこに私は働く女性にとっての好機到来を感じるのです。

日本には「熱意あふれる社員」が6％しかいない

さて、違う角度から「今が女性にとってのチャンス」であることを解説しましょう。

「日本は熱意あふれる社員の割合が6％しかおらず、米国の32％と比べて大幅に低く、調査した139カ国中132位と最下位クラスだった」

2017年5月26日付の日経電子版に掲載された米ギャラップ社の従業員のエン

ゲージメント（仕事への熱意度）調査の結果は、大きな反響を呼びました。

この調査によると、企業内に様々な問題を生む「周囲に不満をまき散らしている無気力な社員」の割合は24％で、「やる気のない社員」は70％に達したそうです。この結果に多くの経営トップが衝撃を受けました。それはそうでしょう。無気力社員、意欲のない社員が多い組織に未来はありませんから。

前述したジェンダー・ギャップ指数のランキング121位もかなり衝撃的な順位でしたが、この調査ではさらに最下位に近い結果となりました。

会社に高い帰属意識を持ち、「会社人間」と称された日本の社員像は今や昔。記事の中でギャラップのジム・クリフトン会長兼最高経営責任者（CEO）は、「日本で1960～80年代に有効だったコマンド＆コントロール（指令と管理）という手法が、自分の成長に非常に重きを置いているミレニアル世代が求めているものと違う」とコメントを寄せています。そしてクリフトン氏は「主な原因は上司にある」と指摘します。

これまでは、部下に指示を与え、部下の状況を把握して確認し管理することが上司の役目でした。部下は上司から言われたことを口答えせずに実行することで確実に成功するというのが従来のやり方でした。それが今は変わりました。部下と一緒になってどう動くかを考え、部下の強みを理解して伸ばし、どう成長させていくかを考えることが上司の仕事になります。つまり、部下に寄り添い、理解し、成長を支援する上司が、職場のエンゲージメントを高めるのです。

この調査の結果は、上司がマネジメントすべき人たちのメンタリティーが変化しているということを表していました。私はそこにも「新しいマジョリティ」の台頭を見ます。

部下のやる気を伸ばすマネジメントとは

男性上司が、自分と同じような（専業主婦を有して時間制約のない）男性部下を率いていた時代では、コマンド&コントロールやガンバリズムを強いる方法が効果的だったのでしょう。でも、今はそのようなマネジメント手法は古びてしまって通用しない。メンバーのモチベーションを上げたり、組織の成果を最大化したりすることはできなくなりました。

今は、上司がマネジメントすべき部下も多様になっています。例えば、育児の真っ最中で時短勤務の女性部下がいる。育児休業中の男性部下もいる。定年後再雇用された年上の部下もいれば、老親の介護を抱えた部下もいる。就業後、社会人大学院に通うから残業は極力避けたいという若手もいる。上司と同じようなスペックの部下で組成されるモノカルチャーな組織ではなくなっていて、多様な人たちがいる組織に変わってきているわけです。

「サーバントリーダー」は女性管理職に向く

そのような組織では、管理型・支配型マネジメントではなく、共感型・支援型マネジメントが効果的であるといわれています。その代表的なものとして「サーバントリーダーシップ」が注目されています。サーバントとは「使用人」や「召使い」

という意味です。部下に対して奉仕の気持ちを持って接し、そのメンバーの持っている力を最大限発揮できるように環境を整えて支援するリーダーシップの姿です。

よく、女性たちは自分が管理職になる自信がないといいます。自分の周りの管理職がほとんど男性なので、そのマネジメント手法（ほぼコマンド&コントロール型と推測されます）を見て、「あんなふうに自分はできない」と思ってしまうのですが、ここでご紹介したように、旧来的な手法は今や通用しなくなってきています。

今、効果的なのは「オレの言う通りやれ。つべこべ言わずに黙ってついてこい」というスタイルではなく、「私が手助けできることはありますか？」と寄り添う姿勢で部下とコミュニケーションを重ねて、仕事への意欲を引き出すように環境を整えることです。このマネジメントスタイルであれば、「私にもできる」と思いませんか。むしろ、この手法は女性のほうが得意なのではないでしょうか。

私が取材した多くの女性リーダーたちのマネジメント手法は、まさに共感型・支援型でした。女性が得意なマネジメントスタイルのほうが部下のやる気を伸ばすことができる、職場のエンゲージメントを高めることができるのです。

変革を起こす「チェンジメーカー」に

日本は世界の中で女性の活躍が遅れている後進国です。それにもかかわらず、働く女性にとって千載一遇のチャンスとお伝えしたのは、組織の中に「新しいマジョリティ」が台頭し、大きな地殻変動が起きているからです。「女性の活躍」だけでなく、「男性の育児参画」や「働き方改革」という3つのキーワードがそろい、社会全体の変革が推進されようとしているからです。このチャンスを十分に生かして、女性管理職が一人でも多く誕生することを希望します。それがさらに社会をよい方向に向かわせることにつながると思うからです。

本書を手に取っている方は企業の女性管理職かその候補生が大半でしょう。あなたはそれだけでかなりラッキーな方だと言えます。なぜなら、日本の女性の半数以上が非正規で働いていて、安定的な雇用を獲得できていません。その中で正社員として働き続けることができ、さらに昇進というチャンスを手に入れているわけですから。ご自分が恵まれた立場にいることを自覚していただきたいと思います。

そういう方がやるべきことは、自分の置かれた状況に感謝して、どんどんチャンスを生かすことです。自分が活躍することでイノベーションが生まれる機会が増えると考えてください。女性が組織をマネジメントすることでエンゲージメントが高まる可能性があります。時間の制約・制限のある人が働きやすい生産性の高い職場にすることも可能です。

私は、女性差別的な制度がある会社も、性別役割分業のある家庭も、ＷＬＢを妨げるような社会経済制度も変えるべきものと思っています。女性だけが「ワンオペ育児」をするような社会も、長時間労働が美徳と見なされ、過重労働や過労死・過労自殺の温床になるような社会も嫌です。息苦しく不健康で持続可能性が低い社会だと感じます。

しかし、この社会は女性が活躍することで変わっていきます。女性が昇進してリーダーとなり、自己裁量権を持ち、意思決定層に増えることによって社会がよりよく変わっていきます。あなたの前にあるチャンスを生かして、自ら変革を起こす「チェンジメーカー」になってほしいと思います。

第2章

管理職のネガティブイメージを取り払おう

パート

1

なぜ女性たちは管理職になりたがらないのか

このパートでは、女性が管理職になりたがらない理由を様々な角度から分析し、女性の昇進にまつわる心のモヤモヤを解消したいと思います。

男性よりも４割低い女性の昇進意欲

一般的に女性は管理職になりたがらないといわれています。新入社員を対象とした国立女性教育会館の調査（２０１６年）でもそのような結果が出ています。図５を見てください。「管理職を目指したいか」という問いに対して、男女合わせた全

図5　管理職を目指す割合

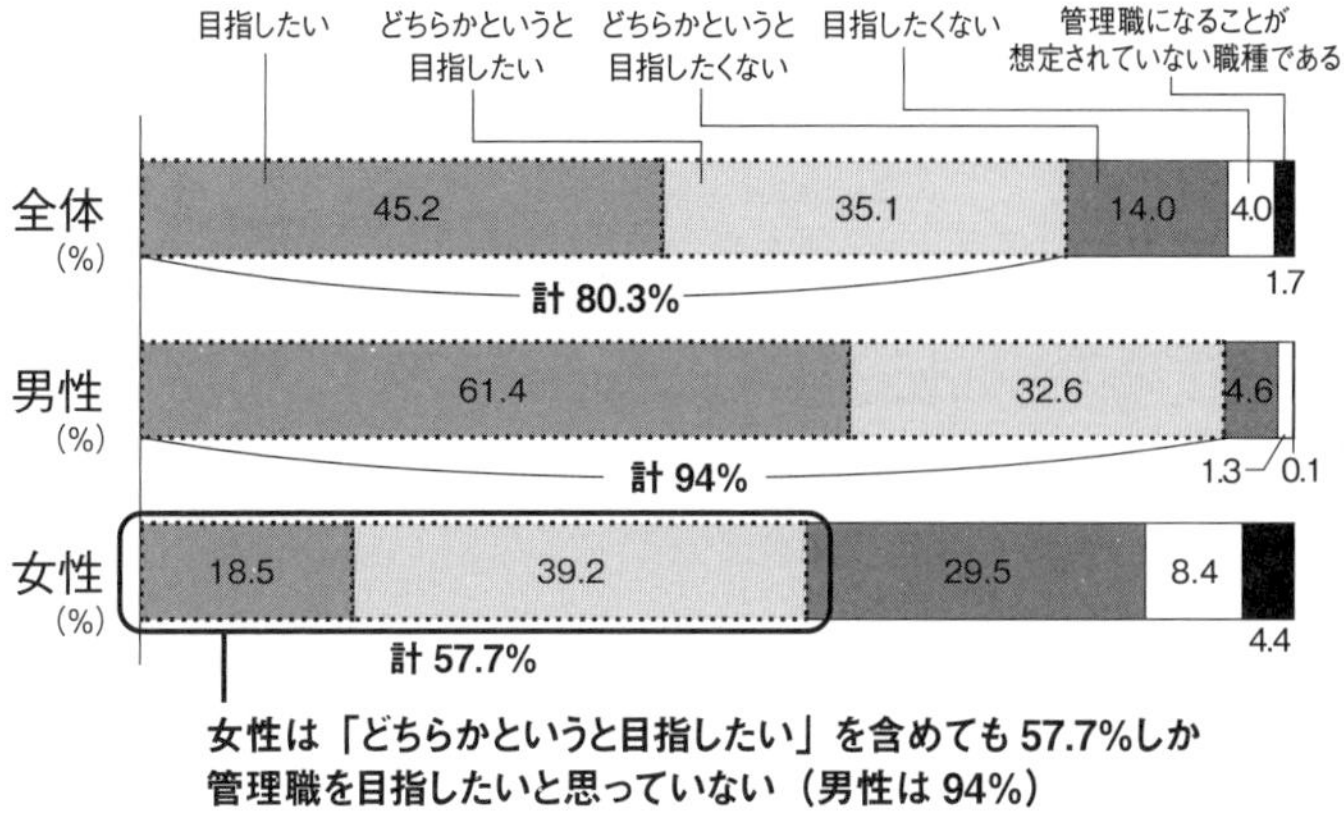

※「平成27年度　男女の初期キャリア形成と活躍促進に関する調査報告書」（国立女性教育会館）を基に作成

体では、「目指したい」が45・2%、「どちらかというと目指したい」が35・1%となっており、2つ合わせると、約8割が管理職を目指すと回答しています。

しかし、これを男女別に見てみると、だいぶ様相が違ってきます。男性は「目指したい」が61・4%ですが、女性は18・5%で、女性が男性より約4割も低い回答になっています。

男性は「どちらかというと目指したい」も含めると94%に上りますが、女性は57・7%にとどまります。逆に、女性は、「管理職を目指したくない」「どちらかというと目指したくない」を合わせる

図6　管理職になりたくない理由

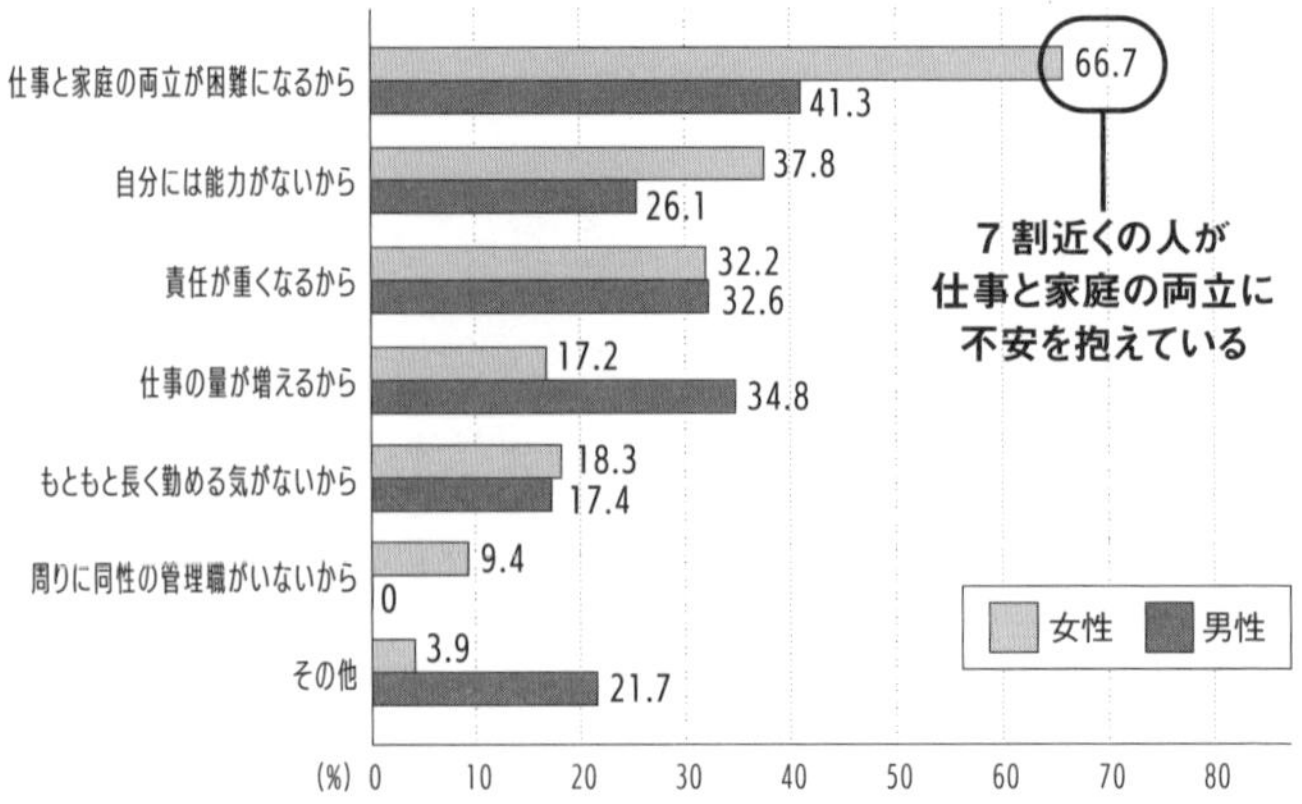

※「平成27年度　男女の初期キャリア形成と活躍促進に関する調査報告書」（国立女性教育会館）を基に作成

と約38％になり、約4割が管理職を目指していません。

　では、管理職を目指さない理由はなんでしょうか。図6では、「管理職を目指さない」人が選んだ理由を示しています。この中で、男女とも最も多いのは、「仕事と家庭の両立が困難になるから」。女性の66・7％がこれを理由に挙げています。

　続いて、女性が選んだ理由は「自分には能力がないから」の37・8％、「責任が重くなるから」の32・2％となっています。「周りに同性の管理職がいないから」は9・4％。ちなみに、男性ではこの答えを選んだ人はゼロでしたので、まさに女性特有の問題と言えましょう。

なぜ、女性は自分に管理職になる能力がないと思うのか？

「自分には能力がないから」という人が4割近くいるのはなぜなのでしょうか。

「はじめに」でも書きましたが、男性はいずれ管理職になることを自分のキャリアの中で想定しているし、自分の周りに管理職としての「こうなりたい」というお手本、または「こうはなりたくない」という反面教師もいるので、それを自分でアレンジしながら自分なりの管理職像を作ることができます。

また、「課長になったら、このように振る舞え」という有形無形の情報が、「オールド・ボーイズ・ネットワーク」により、先輩男性からもたらされます。でも、女性の場合は、それが欠けており、「管理職になる自分」が想起できていません。手取り足取り教えてくれる同性の管理職もいません。そして、管理職になると責任が重くなり、「さぁ、お手並み拝見」という周囲の視線にさらされ、見るからに大変そうです。残業も多くなりそう、ワークライフバランスも崩れそうと思うと、家事・育児を担うことの多い女性が、仮に昇進を打診されたとしても躊躇するのも無理はないと思います。

そして、もう一つ、会社が女性をいずれ管理職になる人材として見てこなかったこと、上司が女性を次期管理職として育成してこなかったことも大きいと思います。たとえ女性が総合職であったとしても、職場で与えられる職務や配置先、配置転換が男性とは違うということが、多くの研究で明らかになっています。

法政大学教授の武石恵美子氏は、著書『女性の働きかた』(ミネルヴァ書房)などで、このように指摘しています。結婚や出産で退職する就業継続リスクのある、または家事・育児の負担が生じる可能性が高い女性に投資してもムダになることが予想されるため、企業は女性のキャリアを伸ばすことにためらうそうです。統計に基づいた合理的な判断によって差別が生じるメカニズムを「統計的差別」といいますが、これによって女性の職務経験が制限され、十分な技能形成が行われにくくなっているのです。

あなたの会社ではいかがですか。総合職で入社して最初の配属先は、男女とも差がないでしょうか。そこで与えられる職務やその後の配置転換パターンは同じでしょうか。男性は3~5年ごとに異動して新たな技能を身につけて成長できるけれど、女性は同じ職場に長く据え置かれて同じような仕事をしていることはないでしょうか。また、あなたの上司は、男性、女性どちらの部下にも同じような期待をかけ、同じような仕事を与えていますか。

同じように期待され、処遇されれば、男性も女性も同じように伸びていくでしょう。しかし、そうではない会社がどうも多いのです。

上司の「無意識のバイアス」が女性のキャリアを停滞させる

ある会社では、同じ職場に配属されても男性と女性では明らかな違いがありました。男性の場合は、ある年次以上になるとサブマネジャーとして処遇され、上司であるマネジャーと取引先に同行したり計数管理などを任されたりしていました。

それに対して、女性は総合職であっても、定型的で簡単な仕事が多く割り振られ、社内の会議に出席する機会もあまりなかったそうです。

仕事でどんな経験をしたかということは、当然ながら、キャリアや技能の形成に直結します。マネジャーの補佐役を任された男性は「よし、頑張るぞ」と思い、「いずれは自分もマネジャーになるのだろう」と自分のキャリアパスが描けるでしょう。

一方、定型的な仕事しかしていない女性は「総合職なのに簡単な仕事しか与えられないし、会議にも出られない」と思い、モチベーションが下がり、将来、管理職になるという自分の姿も思い浮かべられないと思うのです。

同じ総合職にもかかわらず、このように男女の処遇の差が生じるのは、上司に「無意識のバイアス」があるからだといわれています。これは、無意識のうちに、「男だからいずれ管理職になるだろう。だからサブマネジャーを経験させよう」「女はいずれ辞める可能性が高いから重要な仕事は任せられない」というように、「男だから」「女だから」という固定観念で決めつけてしまうことを指します。

「小さな子供がいる母親だから」というバイアスも

女性の場合、「母親」というバイアスもあります。独身時代に営業職で高い成果を出していた女性を、育休復帰後に営業事務に配置転換させるということもよく見られますが、これなども、「彼女は小さな子供がいるから仕事を意欲的に取り組めないだろう。営業職はもう無理だろう」という固定観念が働いているからです。そして、女性当人の意向を聞くこともせず、一方的に職務転換が行われ、女性のモチベーションが下がったというケースが数多くありました。

このように、これまで女性は男性と同じような仕事が与えられず、期待もされず、将来の管理職になるように育成されてきませんでした。それが、管理職になりたがらない女性を生んでいるのです。

「せっかく昇進させようとしているのに女性がそれを断ってくる。意識の低い女性が多くて困っている」という声も会社サイドから聞こえてくることがありますが、いやいや、これまでの女性の処遇を考えれば、急な登用に女性が戸惑うのも無理がないと思います。

先ほど紹介した固定観念は、女性たち自身も持っています。「はじめに」で紹介したギンカ・トーゲルの『女性が管理職になったら読む本』では、「女性はこうあるべき／こうあるべきではない」「男性はこうあるべき／こうあるべきではない」といった固定観念（ジェンダー・ステレオタイプ）について触れられています。

私たちの社会が長い年月をかけて生み出していった、例えば、「女性は思いやりがあり、利他的でなくてはならない」というような性差に関する固定観念が、女性自身の無意識の罠となり、女性の行動に影響を及ぼしているとしています。それも管理職になりたがらない要因の一つでしょう。

女性が感じるトークン（象徴）としてのプレッシャー

あなたの会社には女性は何割くらいいますか。業界や企業規模によっても違うと思いますが、正社員ベースで2割くらいというところが多いのではないでしょうか。

女性が組織の少数派というのも、女性の心理に大きな影響を与えます。

ハーバード大学ビジネススクール教授のR・M・カンターの名著『企業のなかの男と女』（生産性出版）の中にもそれが書かれています。

会社の中では女性は少数派ゆえに、多数派の男性と全く異なる環境を体験します。会議でも女性は少数派であり、上位層が集まる会議では女性は紅一点ということも多いのですが、そうなると女性は個人として見られず、全女性を代表するトークン（象徴）として扱われるため、特異な状況に置かれます。

こうした状況をカンターは、「異質であるため目立つという点では、知名度が成功の鍵となる職場においては時に有利に働くこともあるが、アウトサイダーとしての孤独と、多数派のカルチャーに同化する過程での自己疎外を招くこともある」と記します。

女性はトークンであり、一方、組織の多数派の男性は、「ドミナント（支配グループ）」と呼ばれます。トークンである女性は、トークニズムのプレッシャーのため、いつまでも真の力を発揮できず、発揮したとしても例外としてしか評価されず、社会の固定観念を変化させる力を持たないのです。

この理論にも、女性が管理職になりたくない理由が見受けられます。

女性は一般社員のときは、女性社員同士で群れることが多かった。毎日のように一緒にランチに行き、時には女子会でお酒を飲みながら会社や上司のグチを言い合うこともあった。ある意味、居心地のいいコミュニティーに入っていたわけです。

しかし、管理職になるとそうはいきません。仲間であった女性たちからは会社側の人間と見なされ、居心地のよかった女性のコミュニティーから〝退会〟を求められます。多くの女性管理職が、昇進した後の同僚や先輩・後輩の女性との付き合いに苦慮したと言っているのはこういうことです。

一方、女性管理職は組織の中でとても目立ちます。「悪目立ちする」と表現する女性管理職もいます。そして、数少ない女性管理職の象徴として組織内の様々なプレッシャーにさらされることになります。

上層部からは「お手並み拝見」という目線を向けられますし、明らかにライバル視する男性管理職も出てきます。そういうことを想像すると、昇進を面倒臭いもの、避けたいものととらえる女性がいても当然でしょう。

「インポスター症候群」に陥る女性たち

発達心理学者のスーザン・ピンカーの書いた、その名前もズバリの著書『なぜ女は昇進を拒むのか』（早川書房）には、女性が陥りやすい「インポスター症候群」とう現象が紹介されています。「impostor」とは「詐欺師」「ペテン師」「なりすました人」という意味です。これは、女性は成功したとしても、その業績は偽物にすぎず、ただ自分は幸運だっただけで、どれだけ世間に認められても自分は「まがいもの」だと思うこと、自分の業績を信頼せず、優秀なフリをして周囲を欺いているような気がするという女性特有の心理状態を指します。

自分は「まがいもの」なのでいつか化けの皮が剥がされる、いつか自分の無能がばれてしまうので、昇進を打診されても断るということも書かれています。

まさに、私もそうだったので、この言葉は深く胸に刺さりました。講演などで「日経ウーマン編集長だった女性」「子供を2人育てたキャリアウーマン」などと紹介されたりすると、「すごいですね」と言われたりしますが、ありがたい半面、居心地が悪くなってしまうことがよくありました。「いや、私はたまたま運がよくてそうなっただけで、たいしたことない人間なのになあ」と思うのです。そこには、スーザン・ピンカーの本に書かれていたように、「いつか本当の自分がばれてしまうのではないか」とビクビクしていた自分がいました。

成功しても、「男性は実力と考え、女性は運だと考える」とピンカーは書きます。自己評価には確かに性差が存在しています。

「実際に女性は、誤った自己認識にもとづいて自発的に競争から身を引いているかもしれない。（中略）自分の能力を正しく評価していないために、女性はせっかくのチャンスから身を引いたり、尻込みをしたりする。そうしている間に、欠陥のある楽観主義者たちに先を越されてしまうのだ」（『なぜ女は昇進を拒むのか』より）

どうでしょう、このフレーズ。共感してしまいませんか。「欠陥のある楽観主義者」のところでは、誰かの顔が浮かんだという人もいるかもしれませんね。私はこの本を読んで「そうか、自分を居心地悪くさせていたのは、こういう考え方のせいか」と腑に落ちたところがたくさんあったのです。

「家庭との両立は難しい」は本当？

管理職になると業務が増えて家庭との両立が困難になる、だから管理職になりたくないという声もよく耳にします。こちらも分析してみましょう。

管理職とは、部下を束ねて指示を出し、組織をマネジメントする人です。ですから自分が動くのではなく、人を動かすのが仕事です。しかも、その部下が指示されたことに対して「やらされ仕事、こなし仕事」と感じて働くのではなく、モチベーション高く働いてもらうことが管理職の重要な仕事です。予算管理や計数管理、部下の育成、人事評価なども管理職の仕事に入ってきます。

管理職と一般社員の仕事には明確な違いがあるのですが、管理職になると仕事が増えて困ると考える場合、今、自分がしている仕事に対し、管理職の業務を追加されるので大変そうと思っていることはないでしょうか。

管理職に昇進すると、当然ですが、自分が現在担当している仕事は誰かに引き継いでもらい、自分は管理職としての業務を引き継がないといけません。ここで誤解が生じていないでしょうか。管理職としての業務を明確につかんでいないため、単純に業務量が増えると思ってはいないでしょうか。

また、部下に業務をアサインするのが管理職の仕事なのですが、それができず自分で抱えがちになるという傾向があるのも不安の一つです。

「はじめに」でも書きましたが、私の場合は編集長になったときに、会議や業務全般を見直して、実はあまり必要ではなかった会議や業務を縮小・削減することで、かえって家庭との両立は楽になりました。自己裁量で業務改革して生産性を高めることも管理職であれば可能なのです。

つまり、家庭との両立が困難になるどころか、家庭との両立をよりスムーズにするためにいろいろ改善ができるのも管理職の醍醐味とも言えます。

また、自社の管理職がおしなべて長時間労働になっているため、自分も管理職になると夜遅くまで会社に残らなければいけないのではないか、それくらい業務が増えるのではないかと思ってしまっていることもありませんか。その結果、「家庭を犠牲にしてまで、あんなふうに働けないし、働きたくもない」と思っていませんか。

「大変」に見えていただけの可能性も

ある会社の男性管理職はいつも終電まで残業していました。そのため、その会社では、管理職というのは、そこまで働かないと終わらないくらい業務量の多いタフなポジションなのだと思われていました。だから管理職は男性しか務まらないとも思われていたそうです。

しかし、その会社が働き方改革により「夜8時退社励行」を徹底するようになりました。そうすると管理職も夜8時までには帰るようになりました。

これは実は、「管理職の仕事は終電までかかるようなものではなかった」ということなのです。深夜残業などしなくてもできる仕事だったのに、男性管理職は夜遅くまで残っていただけだったのです。それは「長時間労働は美徳」という意識が男性たちにあったからかもしれませんし、夜遅くまで残業することで会社に忠誠心を見せていたのかもしれません。ともかく、その会社は、働き方改革を推進することで、「管理職は長時間労働しなければこなせないポスト」という固定観念がなくなり、女性たちも昇進するようになったそうです。働き方改革は確実に女性登用の追い風になっています。

また別の確度から「家庭との両立は困難」を分析すると、女性の中に根強く残っている性別役割分業意識も一つの原因と考えられます。

共働きの場合でも、「男は仕事、女は仕事も家庭も」という考え方に縛られて、女性側が「ワンオペ育児」を担っているような場合は、管理職など引き受けられないと思ってしまうでしょう。前項で「無意識のバイアス」を説明しましたが、「女性が家庭責任を負うもの、母親が育児をやるもの」「私が働いていたとしても、夫に迷惑をかけない範囲でやるもの」という女性自身の無意識のバイアスが管理職のオファーを遠ざけているということもあると思います。

ちなみに、夫がまだ管理職になっていない場合は、夫より先に自分が管理職に昇進することに抵抗があるのかもしれません。

このパートでは、「女性が管理職になりたがらない」理由を様々な角度から分析してきました。女性が昇進を避けることに対し、会社側が女性の意識の低さや意欲のなさを問題視することがあります。また、女性自身も「管理職になる自信がないダメな自分」を責めることがあります。でも、女性が管理職を目指したくないと思わせる様々な構造があるということもお分かりいただけたでしょうか。

「統計的差別」「無意識のバイアス」「トークニズム」、そして「インポスター症候群」など様々な専門用語や理論を紹介して、それを説明してきました。そして家庭・育児責任を負うことの多い女性の葛藤も説明しました。それを女性の方に理解していただき、ご自分の昇進に関する心のモヤモヤを晴らしていただきたいのです。

たとえ、あなたが管理職になりたいと思わなくても、それはあなたのせいではないし、あなただけの問題ではありません。構造の問題なのです。その構造をご理解いただければ、管理職のハードルが下がるのではないかと思います。

パート

2

管理職は一度やったらやめられない

「日経ウーマンオンライン」の調査（2014年）では、一般の女性に「あなたは将来、管理職になりたいですか」と尋ねると「なりたい」が29%、「なりたくない」が45%と、「なりたくない」と答える人が多数派でした。しかし、同じ調査で、管理職の女性たちに「管理職をやり続けたいですか」と聞くと、69%が「やり続けたい」と回答しました。

前のパートで紹介したように、管理職になる前は、「管理職として働く自信がない」「家庭との両立が難しい」と思っていた女性たちが多いのですが、いざ管理職を経験すると約7割が「やり続けたい」「もうヒラには戻りたくない」と言っているのです。それくらい管理職とは醍醐味のある仕事なのです。

「みんなを巻き込んで目標を達成するというのが管理職のやりがいです。しょせん一人でやれることには限りがある。目標に向かって一緒にやっていく部下がいてこそ達成できます。それはマネジャーになって初めて知ったこと。管理職の醍醐味は経験して初めて実感できると思います」（流通）

「役職がつくことで裁量が増えて、お客様に責任を持って様々なサービスを提供できることを実感しました。仕事もどんどん面白くなり、もっと上にいきたいと考えるようになりました」（保険）

「権限や裁量を持つことで自分が正しいと思うことを正義感を持ってやり遂げることができます。そうすることでたくさんの人を幸せにすることもできると思います」（サービス）

「管理職になってから部下がかわいくて仕方がないと思えるようになりました。部下が成長を実感できる機会を用意して積極的にサポートするようにしています。部下の変化や成長を見ることが、管理職の何よりの喜びです」（証券）

これは私がこれまで取材した女性管理職の方々の声です。ほとんどが、入社当時は「結婚や出産で辞めるものだと思っていた」「昇進を考えたことはなかった」という女性たちでした。でも組織を束ねて部下と一緒に成果を出すことや部下の育成にやりがいを感じ、管理職という仕事の面白さを堪能しています。

子供のいる女性は、子育てが部下育成に役立ったと語る人も多くいました。

「子育てを経験することで人の成長を見守るのが何よりの喜びになりました。部下の育成も子育てに通じるところがあります。あれこれ指図すると自分で考えなくなってしまうので、失敗してもいいからまずやらせてみる。多くの気づきを与えることが、人の成長につながることを子育てから学びました。

子育て経験がビジネススキルを高めることにつながったと思います」（IT）

また、昇進したら子育てが楽になったという人もいました。

「ある女性エグゼクティブから『上にいくほど子育てが楽になる』と聞いたことがありますが、それは正しかったと実感しています。上にいくほど自分の裁量で決められることが増えて自由度が増し、子育てしやすくなる。働きづらい環境を自分で変えることもできます。キャリアアップをためらう人は恐れずに踏み出してチャンスをつかんでほしいですね」（メーカー）

たぶん男性たちは、男性上司から、管理職としてのやりがいをたくさんのエピソードとともに聞いているに違いありません。一方、女性たちは、こういう話をしてくれる女性管理職が身近にいないため、管理職に対するネガティブイメージのみ膨らんでしまうのでしょう。

管理職はやりがいのある仕事であり、様々なメリットがあることが分かると思います。管理職は一度やったらやめられない仕事なのです。

管理職の経験が人生の選択肢を広げる

もちろん、管理職は大変な仕事です。指示された仕事をすれば許されていた一般社員と違って「経営の求める数字に達するためには何が必要か」「仕事の成果を最大化するにはどうしたらよいか」「部下を伸ばすにはどうしたらよいか」「生産性を上げるにはどうしたらよいか」など、様々な課題を、自分で考え、決断を下さないといけません。

日々決断し、困難を乗り越えて目的を達成する。だからこそ面白いのです。やりがいがあるのです。自分自身の進化や成長を感じるのです。プレッシャーやストレスを感じない、楽な仕事はつまらないと思いませんか。

管理職になると、「会社の将来を担う経営幹部候補生」というタグが自分に付きますし、期待もされます。出る会議体も一般社員のときとは違います。出会う人も入ってくる情報のレベルも上がります。「管理職になると、それまでとは見える風景が違ってくる」「会社を見る自分の目が違ってきた」と多くの管理職が語ります。

もちろん管理職になると昇給があります。お金の面でもあなたを助けてくれるでしょう。

管理職の経験は、あなたを新しい世界に導き、新たな自分の可能性を広げてくれると思います。自分でも想像がつかない「新しい自分」にも出会えるでしょう。管理職の経験は、後半生の人生の選択肢を広げると私は思っています。

74歳まで働きましょう

今は「人生100年時代」といわれています。ロンドン・ビジネススクール教授のリンダ・グラットンとアンドリュー・スコットの共著『ライフシフト 100年時代の人生戦略』(東洋経済新報社)には、長寿化が社会に一大革命をもたらし、あらゆることに影響を及ぼす。結果として、個人が新しい行動に踏み出して、長寿化時代への適応を始める必要があると書かれています。

そして日本語版の序文には、「50歳未満の日本人は、100年以上生きる時代、すなわち100年ライフを過ごすつもりでいたほうがいい」というメッセージを加えていました。

「教育→仕事→引退」という3ステージの生き方自体が古くなり、2番目の「仕事」のステージが長くなること、長く生きることと働くことを前提に人生全体を設計し直さなければいけないことを、リンダ・グラットンは説きます。

人生100年時代に寄せて、私は女性のみなさんに提案したいと思います。「74歳まで働けるよう自分のキャリアを築きましょう」と。

なぜ、74歳なのか。74歳とは、女性の「健康寿命」を指します。健康寿命とは、「健康上の問題で日常生活に制限なく生活できる期間」のことです。つまりほかから何のお手伝いがなくても一人で普通の暮らしができる期間ということです。

女性は74歳まで健康上何も問題が生じず、日常生活が送れる人が多いので、そのときまで働くということを意識して、今のキャリアを考えませんか、という提案です。これから社会保障制度も変わっていくでしょう。であればなおさらです。

74歳まで自分が働くことを前提に、74歳の自分から今の自分を眺めると、自分のキャリアを考える視点も変わってきます。

「働く年齢」においては「60歳で会社定年、65歳まで再雇用で働ける」と考えるのが一般的ですが、74歳をゴールとして自分のキャリアを長期的に考えてみてほしいと思います。そこまでのスパンで考えると、体力・気力とも、最も脂が乗っている時期に組織の管理職を経験できるのは素晴らしいことだと思いませんか。

会社で管理職として経験を積めば、リーダーシップや組織をマネジメントする力がつきます。経営の視点も獲得できるでしょう。それにより新たなキャリアの扉が開いたり、社内外のいろいろな方と会うチャンスも生まれたりします。

組織での管理職経験は、人生100年時代の後半生、会社を卒業した後も、様々なオファーが飛び込む下地を作ることになります。

キャリアのオーナーシップを持つ

「ＶＵＣＡの時代」と呼ばれる予測不能な時代に、ＡＩ、ＩｏＴ、ビッグデータ、ロボティクスなどのテクノロジーの進化がこれからのビジネスに大きな影響を与えていきます。産業のパラダイムシフトが起こり、プレーヤーが替わるともいわれています。現在の仕事の49％がＡＩに置き換わるとの予測もあります。

そんな変化の時代に、一番リスクが高いのは、「誰かが何とかしてくれる」「会社がなんとかしてくれる」という他人任せのメンタリティーです。そういった考え方だとこれからの時代は到底乗り切れません。

これからの時代で重要なキーワードは「キャリア自律」だと専門家は指摘します。キャリア自律とは、個人が自律的に自分自身のキャリアを開発していくこと。これからは「私はこのように働く」「この仕事をしていく」という自律的なキャリア意識が前提の世の中になります。

自分のキャリアのオーナーは自分自身です。自分で仕事に主体的に、積極的に取り組む。管理職の経験はそのオーナーシップを確かなものにするでしょう。あなたが管理職に昇進することは、あなたの人生を豊かにします。

昇進して後進の女性にバトンをつないで

もう一つ大事なことがあります。あなたの人生を豊かにすることと同時に、後進の女性にもいい影響を与えられることを知っていただきたいのです。

ある会社に、上司から課長就任を打診されても「自信がない」と断り続けた女性主任がいました。あるとき上司から、「君はそれでもいいかもしれないけど、キミの部下はそれでいいの？」と言われて、思わずハッとしたそうです。

自分が課長に就任すれば、主任職のポストを信頼できる優秀な女性の部下に譲ることができる。でも自分が拒み続けて主任職にこだわれば、その女性部下の昇進すら遅れてしまう……。そのことに気づき、その女性は上司の言葉をかみしめて昇進を承諾したそうです。

そうなんです。あなたが昇進を拒めば、たくさんいる後進の女性たちのキャリアがつかえてしまうのです。

昇進のオファーがきたらそれをしっかり引き受けて、自分の現在の仕事やポストを後進の女性に譲り渡す。昇進したらそれでおしまいではなく、さらに上のポストを目指して、また女性の後輩にバトンをつないでいく。そうして自社の女性管理職を増やし、女性のキャリアのパイプラインを作ることに貢献する。そのような役目もまたあなたにあることを心に留めてほしいと思います。

第3章

管理職として必ずやっておきたいこと

パート1 管理職としてのマインドセットをする

「自分らしい管理職」になろう

「女性管理職」というとあなたはどんな人を思い浮かべますか？

ブラックスーツを着こなし、パンプスを履いてきびきびと働く人でしょうか。ドラマや映画に出てくるステレオタイプな像が浮かんでくるかもしれませんね。

私はかつて22人の女性役員や女性管理職に取材をして1冊の書籍『なぜ、彼女たちの働き方はこんなに美しいのか』（日経BP）にまとめたことがあります。

その取材を始める前の、私の女性管理職のイメージはいささかステレオタイプなものでした。しかし、実際22人の女性たちに取材してみると、その姿は実にバラエティー豊かであることが分かったのです。

彼女たちはキャリアの軌跡だけでなく、パーソナリティーも違いました。ブラックスーツ派はむしろ少数で、クリーム色のスーツをおしゃれに着こなす人、柄物のジャケットにワンピースという流行を取り入れた人、フリルのついたブラウスに巻き髪でフェミニンなムードの人、ニットのアンサンブルでビジネスカジュアルな装いをする人と、ファッション一つとっても実に様々でした。あまりに違い過ぎてびっくりしたほどです。

また、いかにもシャープな印象で理路整然と話す人もいれば、あえて柔らかい関西言葉で「大阪のおばちゃん」然としている人もいました。

組織のマネジメントスタイルも部下とのコミュニケーションの方法も違いました。みなさん、自分の個性や強みを生かしていたのです。

そのときに分かったのは、金子みすゞの詩ではありませんが、「みんなちがって、みんないい」ということでした。「みんな違う」ということであれば、身近な男性管理職を見て「私はあんなふうにできない」と悩む必要は全くないわけですね。女性管理職は実に多様性に富んでいて、あなたはあなたらしい管理職になればいい。それだけのことです。

私の場合も管理職になって、自分のスタイルに随分迷いました。強いリーダーシップもカリスマ性もない。私の場合、「まあ、部下から親しみは持たれるかもしれないけれど、さて、どうする？」と思ったときに、参考になったのが、以前よく通っていた新宿2丁目のゲイバーのママTちゃんでした。

Tちゃんは仕事でいろいろな壁にぶつかって悩む私に対して、「あ〜ら、ふもっちゃん（私はママからこう呼ばれていました）、どうしたの？ 何か元気ないじゃない。大丈夫、ふもっちゃんは必ず幸せになる。福顔をしているもん」とよく励ましてくれたのです。

そのときにひらめきました。「そうだ！ Tちゃんみたいなリーダーを目指そう！」と。つまり上から強い力で部下を統率するというよりも、部下を横から支える、支援するリーダーになる。グチや悩みに耳を傾けてくれるリーダー。「私はあなたの味方だよ」と伝えて励ますリーダー。Tちゃんが言ったような、私が福顔だというエビデンスはないと思います。たぶん根拠レスだったのでしょう。でもとにかく寄り添ってエンパワーメントする。こんなリーダーだったらなれるのではないかと思いました。それが私らしいかもしれないと。

果たして、私がそんなリーダーになれたかは、かつての部下のジャッジに任せますが、そう思えたとき、かなり気が楽になったことを覚えています。

前任者をまねる必要もない。周りの男性管理職をなぞる必要もない。あなたは自分らしい管理職であればよいのです。

リーダーとしての役割を改めて考える

管理職に昇進するということは、組織の一《いち》スタッフからその組織を束ねて率いるリーダーになるということです。スタッフは、リーダーから指示を受けて自分の任された業務を確実に遂行し、自分が成長することが求められるのに対し、リーダーは、自分の組織全体を見て全体最適で仕事をスタッフに割り振り、経営の求める目標を達成するのが仕事です。

組織の成果を最大化するというのがあなたの役目になり、自分の成長はもちろん、部下の成長を促し、いずれ自分の後継者となれるように育成することも大事な仕事です。

つまり、リーダーは「全体・将来」を見据えて行動することが求められます。自分の組織だけではなく、また、会社全体を俯瞰して自分の部署がどう貢献するかも考えないといけません。

私の場合、企画を立てて取材をし、執筆するという一記者の立場から、編集長という編集部を束ねる立場になりました。企画会議を開き、みんなのアイデアを集め、企画を決定し、部下に担当を割り振る。記者の原稿全部に目を通して雑誌を発行する。そして、経営から与えられた予算の販売部数、売り上げ、利益という目標を「ヒト・モノ・カネ」を使って達成します。

自分の部署が属する本部にどのように貢献するか、またその本部は会社全体にどのように寄与できるかも考えます。このほか、この媒体の将来をどうしていくのかというビジョンも考えます。

管理職になると出る会議自体も違ってきますし、出会う人も社内外とも違ってきます。入ってくる経営の情報も違います。つまり、視点が自分から会社全体へと高くなり、長期的な視野で遠くまで見るようになります。

大きな自己裁量権が持てるのは、かなり気持ちがいいです。自分の自由度が広がります。上にいちいち了解を取らずとも自分で決定して実行できる範囲が広がります。その代わり当然ですが、責任も問われます。予算が達成できればさらに昇進する可能性がありますが、未達が続けばいずれそのポストを追われてしまうかもしれません。

また、前述したように、自分が動くのではなく、人（部下）を動かすのが主な仕事になります。しかも、その部下がやりがいを持って、モチベーション高く仕事をすることが求められます。

私の場合であれば、編集長になってからは、自分で原稿を書くことはなくなりました。人に質の高い原稿を書いてもらうのが仕事となります。

このように、スタッフと管理職では置かれている場所や求められるものが全く違います。私の実感では、スタッフと管理職の間にはとても大きな差があり、それは管理職と役員の差よりも大きいと思っています。

リーダーとしての自覚がない言動はＮＧ

管理職となったのであれば、リーダーとしての自覚を持ちましょう。その自覚がないと部下はついてきません。組織の成果も最大化できません。

リーダーとしての自覚がない（弱い）場合のＮＧ例をいくつか紹介しましょう。

「私はなりたくて管理職になったのではない」。これは自分は希望していないのに無理やり登用されてしまった女性が、うっかり口にしてしまいがちな言葉です（女性だけではないですけどね）。リーダーシップの放棄といえます。あなたが部下だったら、こんなリーダーについていきたいと思いますか。こういう甘えは禁物です。

「私はそうは思わないけれど、部長が言うからやってよ」。こんな指示をされたら部下の心は萎えます。モチベーションも下がります。この人は自分が同意できないしょうもないことも部下にやらせるんだ、と。上の指示を部下に丸投げする人ですね。せめて、上からの指示を自分の心に折り合いをつけて、少しでも自分を納得させてから、部下に指示してもらいたいものです。

「部下ができないからしょうがない。使えない部下ばっかりだからダメ」。これはもう管理職失格ですね。仕事の成果が上がらないと部下のせいにする。他人に責任を押し付ける。そしてもっと優秀な部下を寄こせと注文をつけたりする。そういうリーダーに未来はありません。たとえ業務をうまくこなせていない部下がいても、そこをできるように育成するのがリーダーの仕事です。それこそが「腕の見せどころ」なのです。

優秀なリーダーは他人に責任を負わせる「他責」はしません。「部下がうまく業務をこなせないのは、自分の育成に問題があるから」と、自分の責任を問い、行動を変容させます。このような「自責」型のリーダーは自分自身の成長も促します。

「部下に嫌われたくないから仕事を振れない、部下に注意できない」というNG行動もあります。これは忙しい部下に仕事を振ると嫌われそうだから（または抵抗されそうだから）自分で抱え込んでしまうケースです。結果、部下に新しい仕事を覚えさせず成長機会を奪ってしまうことになります。

この「部下に嫌われたくないから叱れない」というのは、特に女性部下に対して見られる傾向のようです。実は私もそうでした。男性部下には嫌われたってかまわないからガンガン注意もする。しかし、女性部下には嫌われたくないという心理が働いてしまってあまり言えない。そこには、女性の居心地のいいコミュニティーから排除されたくないという気持ちがありました。ダメな管理職の典型です。

きちんと注意することで部下の気づきや成長を促進させるべきなのに、自分が嫌われたくない、好かれたいという感情が優先されていたのですから。

部下の成長という目標を見失わなければ、適切な仕事を振り、きちんと部下にフィードバックをするのが当然です。

繰り返しますが、管理職とは組織をマネジメントし、その成果を最大化するのが役目です。部下にモチベーション高く働いてもらい、その成長を促すことを考える。このリーダーの原理原則を大事にすれば、リーダーとしてのあるべき姿、行動が分かると思います。リーダーとしての自覚を持って実践しましょう。

自分の言葉でミッションを伝える

部下があなたの指示に対して、やらされ感満載の〝こなし仕事〟としてやる場合と、モチベーション高く主体的に取り組む場合を比較すると、どちらのほうが組織成果に結びつくかは火を見るより明らかです。管理職の仕事は部下のモチベーションを高めること。目の前にある仕事を使命感を持って進めるように仕向けることが重要です。

そのために必要なのは、あなたが自分の言葉で自分の組織のミッションを語り、部下と共有することです。

少し考えてみましょう。あなたはメーカーの営業部門にいる管理職だとします。

経営からは毎月、売上予算の達成が求められます。ノルマがあります。あなたの部下の20代の販売職の女性が思うように商品が売れず仕事に対する意欲が失われてきた。こういう相談を受けたらあなたはどう回答しますか。

「そんなこと言わないでさ、もうちょっと頑張ってよ。さ、今日は飲みに行こうか」

私であれば、そんな対応をしていたかもしれません。でもこんなごまかしの対応ではダメですよね。

元資生堂取締役の関根近子さんのケースは違いました。関根さんが20代のときに化粧品がなかなか売れない日々が続き、これが一生かけてやりたい仕事か分からなくなったことがありました。そのときに先輩がこんなアドバイスをくれたそうです。

「私たちの仕事は化粧品というモノを売ることではなく、お客様が自分では気づいていない美しさを認識してもらい、喜びや自信、お客様の魅力を引き出すことなの」

その言葉を聞いて関根さんは視界がパッと開けるのを感じ、お客様に向き合う自分の姿勢を変えるきっかけになったそうです。そして、化粧品を売ることは一生続けるに値する仕事だと確信が持てたと話してくれました。(『なぜ、彼女たちの働き

方はこんなに美しいのか』より）

このエピソードを聞いたとき、なんとすごいことだろうと鳥肌が立ちました。

つまり、こういうことです。「化粧品を売る」というルーティーンつもの仕事が、先輩の言葉によって、一生続けるに値する仕事へと昇華したのです。あなたの部下が、目の前にある仕事をそういうふうにとらえて、情熱を持って主体的に取り組んでくれたら、素晴らしいと思いませんか。成果が最大化すると思いませんか。

化粧品を通して、女性の一生の美しさ、幸福に寄与するという会社の事業ミッションが、先輩の言葉によって関根さんに落とし込まれた。経営の視点が獲得できた。そのことで、自分の仕事の価値を深く認識したことによる変化だと私は思いました。

「変革型リーダーシップ」を目指す

ギンカ・トーゲルの『女性が管理職になったら読む本』の中に、「交換型リーダーシップ」と「変革型リーダーシップ」という2つのリーダーシップが紹介されています。

交換型リーダーシップとは、アメとムチを使い分けてリーダーが意図する方向へ人々の行動を仕向けるもの。リーダーは目標を示し、皆が目標達成に向けて行動しているか目を光らせ、リーダーの期待に応えられた人には手厚い報酬を、応えられなかった人には懲罰を与えます。つまり、交換型リーダーシップとは、「リーダーから与えられる報酬」と「フォロワーの服従」を交換することで成立しているのです。一方、変革型リーダーシップとは、人々の内発的な動機を引き出そうとします。人々の内面にある価値観を「変革」させるという意味からその名称がつけられています。(『女性が管理職になったら読む本』より)

第1章で紹介した米ギャラップ社の調査結果を思い出してください。今の時代に合わないコマンド&コントロール(指令と管理)型のリーダーシップは、「交換型リーダーシップ」であり、それに対して、関根さんの先輩の例は、まさに関根さんの内面を変えた「変革型リーダーシップ」と言えるのではないでしょうか。

さらに、今、時代が求めているのは、変革型リーダーシップであり、女性のほうが変革型のリーダーシップの素質を持っているということが、『女性が管理職になったら読む本』に紹介されています。

私たち働く女性が目指すのは変革型リーダーシップです。部下の内発的な動機を引き出すために、関根さんの先輩が実践されていたように会社のミッションを明確にしましょう。「なぜ自社がこの世に存在しているのか」「事業の目的は何なのか」「その会社のミッションと自分たちの組織、仕事はどのように結びついているか」――。企業の存在意義をあなたの考えたあなたの生の言葉で部下と共有するのです。どこからか聞きかじってきたような言葉だと部下の心を打ちません。そしてそれを一度だけでなく何度も言うことが必要です。

元髙島屋代表取締役専務の肥塚見春さんはこう教えてくれました。

「管理職の面白さは、自分のビジョンを部下に語ることができること。難しくなくていいんです。例えば『日本一の売り場にしようね』と毎日部下の前で話す。部下が動きだすまで、しつこく言い続けます。言っているうちに彼らもその気になって売り上げが伸びてくる。みんなを巻き込んで目標を達成することが管理職のやりが

いです」（『なぜ、彼女たちの働き方はこんなに美しいのか』より）

失敗から何を学ぶか

あなたは管理職として経営から任されている部署のミッションを与えられます。それが売り上げ・利益という数字の場合、今年それをクリアしても、また次年度は予算が上乗せされます。どんどんチャレンジングなハードルが目の前にきます。それでもひるまず、失敗を恐れずに挑戦することが大切です。

私が過去に取材した女性管理職たちは、様々な失敗や挫折に遭遇していました。管理職になってマネジメントに失敗し部下の心が離れてしまったり、部長就任後に個人情報の紛失という事故が生じたり、大きな経済危機で担当していた事業が縮小したり…。しかし、その後大きくキャリアが好転しています。

その女性たちのキャリアを分析した慶應義塾大学大学院特任教授の高橋俊介さんはこう言います。

「成功する人というのは、失敗しない人ではないんですね。失敗からきちんと学ぶ人が成功するのです。失敗からどれだけ学んだかが重要です。失敗はするが、そこから学んで軌道修正をする。軌道修正が早いんですね。また失敗はしますが、同じ失敗はしない。そこで学ぶわけです。失敗から学んで成長するというプロセスが大事です。失敗から学んで自分を変容させることができるかどうかでその後が違ってきます」（『なぜ、彼女たちの働き方はこんなに美しいのか』より）

自分を変容させることができた人たちがその後の好転を生んでいるのです。

ここである女性リーダーの例を紹介しましょう。

ある地域の問題解決のために組織を立ち上げた若き女性リーダーがいました。地域課題を解決し社会貢献したいというミッションを掲げ、その組織は船出しましたが、運営メンバーがどんどん辞めてピンチに陥りました。

その女性リーダーは最初、スタッフが自分の高邁《こうまい》なミッションについていけない意識の低い人たちだと思っていたそうです（つまり他責の考えです）。しかし、ついに自分以外のメンバーがほぼ辞めてしまい、ようやく「もしかしたら間違っているのは彼らではなく自分だったのか？」と思ったそうです（自責に変わりました）。

それから彼女は組織マネジメント論やリーダーシップに関する書籍を読みまくり、これまでの自分のマネジメントスタイルやコミュニケーション方法を猛省して自分の行動を改めました。すると加入したメンバーが組織に定着し始め、育つようになりました。メンバーと一緒に地域を元気にする仕組みを作り上げて大きな実績を残したのです。

彼女が、「辞めたのは意識の低いメンバーのせい、自分は悪くない」という他責思考のままでは、メンバーの流出は止まらず大きな成果は残せなかったでしょう。

でも、「私に何か問題があるかも」「私が変わったほうがよいのかも」と視点を変えて、物事をとらえ直して、その解を求めてマネジメントやリーダーシップを学んだ結果、自分自身の意識と行動が変わりました。

自分が変わった結果、メンバーとの人間関係もよい方向に変化し、協力も得られるようになったわけです。失敗から学び、自分を変えることで他人が変わり、周囲にサポーターも増え、そして未来をも変えることができた好例です。

男性と女性を比べた場合、「女性のほうが慎重でリスクテイクをしない」と言われることがあります。それはもしかしたら失敗したときの受け止め方の違いかもしれません。自分の失敗が女性全体の失敗と見なされてしまうというトークンとしてのプレッシャーも考えられます。「ピンチのときにこそ、いろいろ学ぶことができる。自分を変えることができる。失敗は学びの場にも成長の糧にもなる」――。よく言われることですが、これは本質をついていると思います。

失敗や挫折といった本来は起こってほしくない出来事を前向きにとらえることができたら、極論するとこの世界に、「悪い出来事」はなくなると思いませんか？　そう思えたら、どんどんいろいろなことに挑戦できると思います。だって、たとえ失敗したとしても、それは悪い出来事ではなく、学んで自分を変えることができる好機なのですから。

挑戦するのはあなた一人ではありません。ぜひチームのみんなと力を合わせて挑戦を続けてください。

パート

2

仲間・応援者を作る

自分をサポートしてくれるチームを作ろう

管理職の女性たちにまずオススメしたいのは、自分をサポートしてくれるチームを作ることです。男性には、自然発生的に「オールド・ボーイズ・ネットワーク」という互助組織があり、いろいろな助言を受けられるようになっていることは既に説明しました。しかし、女性はそういうものがないので、自分で作り上げる必要があります。

まず、最初にアプローチすべきなのは社内の女性管理職です。数は少なくとも社内に女性管理職がいる場合は、面会を申し込みましょう。

自己紹介および管理職としての挨拶、そして先輩の管理職としてぜひアドバイスをいただきたいとメールを送ってください。女性管理職があなたの所属する部門にはいなくても違う部門にいるということも往々にしてあります。自分のいる事業所にはいなくても本社にはいる場合もありますし、社内に女性管理職はいても直接面識はないということも多いでしょう。

一番いいのは誰かがあなたと女性管理職の仲を取り持ってくれることですが、たとえそういう人がいなくても直接メールなどで連絡し、管理職としての心構えやアドバイスを伺いましょう。人事部や女性活躍推進担当部署に紹介してもらってもよいと思います。

「自分で望んでいないのに管理職になってしまった」「強いリーダーシップを持っていないのに管理職なんかできるのか」「年上の男性や同期の女性も部下になってマネジメントがやりにくい」「子育てとの両立に悩む」――。あなたが管理職になって悶々と悩んでいる事柄は、先輩である女性管理職がかつて通ってきた道でもあります。社内事情や社内の人間関係もよく分かっている会社の女性管理職であれば、あなたに具体的なアドバイスを与えることができるでしょう。あなたの悩みや課題に対してベストプラクティスを授けてくれると思います。

私の場合は同じくらいのタイミングで管理職になった女性が社内に何人かいたので、まず彼女たちとランチしたり飲みに行ったりして結束を固めました。それから先に昇進した女性管理職の先輩や女性役員のところにご挨拶に伺い、〝女子会〟を企画しました。

決して一人で行くようなことはせずに、その仲間たちとアドバイスを共有しました。抜け駆けや一人占めせずに、みんなと分かち合うことを旨としていました。

女性の先輩は相談を待っている

女性の先輩たちは、実は後輩女性からのアプローチを待っています。これまでの自分の経験、そしてそこから学んだことを伝えたいと思っています。でも、それこそ後輩女性の誰がどんな悩みを持っているか、親しくない限り分かりません。分からないとアプローチしようがありません。たとえ自分からアプローチできる場合でも、「余計なおせっかいと思われないか」と後輩に声をかけるのをためらいます。しかし、後輩からアプローチがあれば、「待ってました！」とばかりに張り切って教えてくれます。私自身もそうでした。

そうやってご縁をいただいた女性管理職には、あなたの相談に乗ってくれる「よきメンター」になっていただきましょう。こういう人に味方になってもらえると、先々とても心強いです。

また、女性管理職が交流できる場を企画するのも手です。自分たちで声をかけ合って非公式にランチをしたり、女子会をしたりしてもいいと思いますし、人事部や女性活躍推進担当部署を巻き込んで、女性管理職を対象にした研修や交流会を企画してもらうというのもよいと思います。

自ら動いて、社内に点在している孤独になりがちな女性たちをつなげて線から面にするのです。

もし、あなたが会社の女性管理職第1号であれば、社外で女性管理職を見つけて、その人に教えを乞いましょう。同じ業界で働く人、会社が同じ地域にある人、または出身学校のOGなど、つてを頼ればきっと見つかるはずです。

女性管理職を対象とした研修会や異業種交流会やセミナーなども各地で開催されています。そういうところにも積極的に参加して、社内外で仲間を増やしてみてください。

「スポンサー」的な存在の男性管理職を見つけよう

女性管理職の次は、あなたのことを評価してくれる男性管理職にアプローチしましょう。まず真っ先に浮かぶのは、あなたを管理職に登用してくれた現在の上司ですね。その上司とは今後も良好な関係を築いてください。折に触れて、自分の管理職としての意識や行動はどうか尋ねてフィードバックを受けましょう。

それから、入社以来あなたが一緒に働いた男性の先輩や上司を思い出してください。かつて一緒に汗を流し同じ釜の飯を食べた男性がいますよね。そのときのあなたの頑張りや実績を認めてくれた人がきっといますよね。そういう人もあなたを支えるサポーターになります。私が取材した女性管理職の多くに「スポンサー」的な存在がいました。「メンター」は直接会って相談に乗って助言してくれる人ですが、「スポンサー」はもっと直接的に昇進に対して働きかける人です。メンターよりも社内でもっとパワーを持っています。

あるポストに誰を昇進させるかを決定するときは、限られた人たちの意向ではなく、公式・非公式にわたって、「次の営業二課の課長は誰がいいと思う？ 佐藤さんは適任か？」などというヒアリングがなされます。その際に、「佐藤さんは営業二課の課長に適任だと思いますよ」などと太鼓判を押すなどして昇進を支援する人をスポンサーと言います。

女性活躍推進企業では、「スポンサーシップ制度」として、スポンサーが制度化されている場合もあります。例えば、女性管理職および候補生には、その部門以外の担当役員がスポンサーに就き、指導・助言をして昇進するに適した人材に育成することもあります。しかし、多くの会社はそういう制度がないでしょうから、自分でスポンサー的な存在を見つける必要があります。

かつての上司や先輩から当たる

私が取材した女性管理職の例では、かつての男性上司や先輩がスポンサー的な存在だったという人が多かったですね。初期キャリアと呼ばれる20代で、同じ職場に配属となり、一緒に働き、その女性を信頼してくれる男性上司や先輩が、その後昇進して部長以上の会社の〝お偉いさん〟になっている場合、そういう人がスポンサー的な存在になっている確率が高いのです。これは女性ばかりでなく男性も同じです。ポストが限られている中、誰かが引き上げてくれないと昇進はありませんから。

自分を応援してくれる人とは、人事異動などで同じ職場でなくなったとしても、折に触れて相談するなどして、そのつながりを絶やさないことが大切です。そういうスポンサー的存在が、「配置転換で自分を希望の職場に引っ張ってくれた」「昇進のときに強力にプッシュしてくれた」という話は何人もの女性から聞きました。逆に同じような実力があったにもかかわらず、昇進に結びつかない場合は、スポンサーがいないか、スポンサー自身が会社を去ってしまったか、力を失ってしまったか、というパターンが多いように思えます。スポンサーとは、これから管理職として社内を生きていくあなたの「後ろ盾」なのです。

経営トップが何を重視しているのか。ボードメンバーはどんな顔ぶれなのか。女性活躍に熱心な人は誰か。各事業部のキーパーソンは誰なのか。中期経営計画の中で自分の部署、所属する本部はどんな役割を負っているのかなど、「上級管理職だからこそ知り得ている情報」をあなたに提供し励ましてくれる人はいた方がよいです。

あなたは管理職として、これから上層部や横の組織を巻き込まなければいけない場面も出てきます。そういうときに力を貸してくれる人、または力を貸してくれそうな人もスポンサーは紹介してくれます。自分のキャリアを振り返りそういう方を見つけてください。そしてまずは管理職としての心構えを助言してもらいましょう。

懐に飛び込んで頼れば、イヤだという人はまずいないと思います。あなたの力強いサポーターになるでしょう。

ただし、「自分が昇進したいから」と露骨なアプローチや接触をしたり、「あのポストに就きたい」と〝おねだり〟したりすることはその人自身の品格や価値を下げますし、周囲の反発も招くことは必須なので、慎むべきことなのは当然です。私の長い職業人生活の中では、そういう手合いがいないこともなかったのですが、一時は〝我が世の春〟をおう歌しても末路は物悲しく……というケースがほとんどでした。

また、男性と女性という組み合わせだと、SNS全盛の今の時代、間違った噂や悪評が立ってしまう危険性もあり得ます。メンターやスポンサー的な存在が男性の場合、「夜ふたりきりで会うようなことは避け、社内で時間を取ってもらったりランチタイムなどを利用したりして相談していた」とある女性管理職は語ってくれました。あくまでも「管理職として自分を叱咤激励してくれる尊敬する人生の先輩に、昇進にふさわしい人間になるための教えを乞う」というスタンスで適度な距離を保ちましょう。

パート

3

部下と良好な関係を作る

部下に「1日でも早く異動したい」と思われて……

私は管理職時代に、たくさんの〝やらかし〟をしました。その一つが、「私は女性だから女性の部下の気持ちは分かっている」という思い込みでした。実は、全く分かってなんかいませんでした。

ある部下が「1日も早くこの部署から異動したい」と言っているのが風の噂で聞こえてきました。真面目で実績もあり高く評価していた部下だったので、非常に困惑しました。というよりも、裏切られたような気持ちで、彼女に対して少し怒りも感じていました。

しかし、彼女から直接話を聞くと、「この部には長く在籍していろいろな仕事を任せてもらいましたが、新たな部署で違う業務を経験することが今の自分に必要だと思いました。自分が成長してこの部にまた戻ってきたい。また貢献したいです」と打ち明けてくれました。私は自分の不明を恥じました。彼女の強い成長意欲も見抜けずに、異動希望に関してぷりぷりしていたのです。

そのとき肝に銘じました。女性だから女性部下の気持ちが分かると思うなんてなんとおこがましいことか、と。他人の気持ちなんて誰にも分からないのです。

部下の話を本当に聴いている？

「上司3年、部下3日」という言葉をある有名な経営者が教えてくれました。これは、上司は部下を理解するのに3年かかるけれど、部下は上司を3日で見抜いてしまうということです。上司は部下を理解できない。むしろ、「無意識のバイアス」

や固定観念で歪曲した見方をしてしまう危険だってあります。だからコミュニケーションをしっかり取ることが重要なのです。

あなたは部下とコミュニケーションをしていますか。部下から相談したいという話があっても「忙しいから後で」と言って後回しにしていませんか。もしくは立ち話でさっと済ませていませんか。

気づいていないかもしれませんが、最悪なのは「私は忙しいから話しかけないで」というオーラを部下に出して、シャットアウトしているケースです。上司は「部下から相談されることはあまりない」と思っていても、「部下が相談できないだけ」となっていることもあります。これでは管理職失格です。

管理職としては「部下が相談しやすい雰囲気を作る」ことも重要です。そのうえで部下から面談の希望があったら時間を取ってしっかり対応する。上司が部下のために時間を提供するというのは、「部下であるあなたを尊重しています」という証しでもありますから。

また、「コミュニケーションの時間を取っている」といってもその中身が問題になることがあります。ある企業で、「上司と部下の間でコミュニケーションは取れているか」という調査をしました。上司と部下それぞれに分けて聞き取りをしたところ、上司が「部下とはしっかりとコミュニケーションを取っています」と話していたのに、部下のほうは、「コミュニケーションなんて取れませんよ。上司が一方的に話をしているだけです」と一刀両断しているケースがほとんどだったそうです。

「1on1ミーティング」で部下に寄り添う

このように、上司と部下とのコミュニケーションでは「上司が一方的に話す」ケースが多く見られます。これは違いますよね。上司がすべきは黙って部下の話にしっかり耳を傾けること。つまり「傾聴」なのです。話をしっかり聴きつつ、相手を受け入れ、共感することが重要です。

最近では、「1on1ミーティング」を実施する企業も増えました。これは上司と部下が1対1で定期的に話し合うことを言います。1対1といっても評価面談でも、業務の進捗を確認するような面談でもありません。上司が部下に指示・管理するための面談でもないのです。この面談の目的は部下の成長です。部下に寄り添い、その悩みを理解しながら部下の能力を引き出す、部下の成長のための時間です。

ある外資系企業では、週に1回30分「1on1ミーティング」を設定していますが、アジェンダはあえて設定していないそうです。アジェンダがあると個人的な事情など話しにくいからです。

上司は、「この場はどんなことでも話していい安全地帯である」ことを部下に伝え、リラックスしたムードを作ります。そういう場だと、「実は遠方に住む親が倒れて…」というような個人的な悩みや葛藤も上司に吐露できます。この手の「実は…」という話が出ることが大事だそうです。

こうした悩みや葛藤は、まさに仕事とライフのバランスが崩れている「ワークライフコンフリクト」の状態。でも部下がそれを伝えてくれれば、上司がそれを素早くキャッチして、部下の悩みに寄り添うことができます。

例えば「実は遠方に住む親が倒れて……」という悩みに対しては、「あなたが介護と仕事を両立することに対してサポートします」という自分のスタンスを明らかにし、会社の両立支援制度などの情報を伝えます。または専門の部署につないで支援を受けやすくします。そうすることで部下の心の負担が少なくなり、モチベーションの低下も避けられ、最悪のケースである介護離職という事態を回避することが可能になります。

「上司が私を理解してくれる。そして支援してくれる」――。あなたが部下だったらそんな上司のもとで働きたくありませんか。「1on1ミーティング」のような面談を設定すれば、あなたと部下との間に信頼関係が生まれやすくなります。さらに「上司が応援してくれているのだからきちんと仕事で恩返ししよう」という仕事へのモチベーションや会社への忠誠心も向上します。ぜひ試してみてください。

「勝手な思い込み」で部下を見てはダメ

私たちは多くの「無意識のバイアス」を持っています。「無意識のバイアス」を完全に取り除くことは難しいといわれていますが、自分に「無意識のバイアス」や固定観念があると認識するだけでも、かなり意識は変わると言われています。

管理職になると、「部下は上司の言うことを黙って聴くものだ」「部下は上司が退社するまでは職場に残っていなければならない」「遅くまで職場に残っている部下のほうが熱心だ」などの、平社員のときには思ってもみなかった信じられない様々な思い込みが生まれます。だから、部下から意見されるとムッとしますし、部下のほうがさっさと定時退社するとなんかモヤモヤしてしまうのです。もっと進むと「管理職の私が職場で一番偉い」と勘違いしてしまって、パワハラチックな対応をしてしまったりすることもあるでしょう。これは最悪です。

「自分の劣化コピー」を重用していない？

また、人に対する評価もしかりです。自分と相性のいい部下を評価していませんか。ある取材で、「日本人は『劣化コピー』を重用する」と聞いてドキッとしたことがあります。この場合の劣化コピーとは、「自分と似ているけれど、自分よりは能力が劣る人」ということです。管理職の仕事の一つに自分のサクセッサー（後継者）を育てることがありますが、その場合に、「劣化コピー」を選びやすいという話があります。自分とよく似ていて相性もよいけれど、自分ほど能力がなく、自分が脅かされずに済む部下――。そんな自分に都合のよい人を評価して後継者に選びやすいというわけです。

自分より能力の低い人を後継者に選んだ場合、その組織の未来は明るくはないですよね。「劣化コピー」ではなく、その組織を成長させてくれる、新たな価値創出に結びつくような人を後継者に選ぶべきでしょう。自分の思い込みや固定観念、偏見を捨てて、まっさらの状態で部下を見ましょう。

「偏った思い込み」を取り払う

部下とうまい関係を築けるかどうかも上司の力量だと思います。

私は50歳で大学院に入り、キャリアカウンセリング論を学びましたが、そこで知ったアルバート・エリスが提唱した論理療法におけるカウンセリング理論「ＡＢＣ理論」が、部下との人間関係作りに応用できると思いましたのでここで紹介したいと思います。

Ａは、「Activating Event」…ある出来事
Ｂは、「Belief System」…信念・思い込み
Ｃは、「Consequence」…結果として生じる感情
出典：宮城まり子著『キャリアカウンセリング』（駿河台出版社）

これによると、不快な感情（Ｃ）は、それに先行する出来事（Ａ）によって引き起こされるのではなく、その人の非論理的な信念（Ｂ）によって発生します。つまり、何か出来事が起こり、そのことであなたの気分がブルーになっているとしたら、それは、出来事があなたを不幸にしているのではなく、あなたの考え方があなた自

身を不幸にしているということなのです。あなた自身があなたが落ち込むようなとらえ方をしているということですね。

私はこの理論を知り、何枚も目からウロコが落ちたような気がしました。私はこれまで、起こった出来事が私の感情を左右すると思っていました。でも、それは違うのです。感情を左右するのは出来事ではない。事実ではない。感情を左右するのは、自分自身の考え方の癖、思い込み、認知の仕方なのだと。

これは「偏った思い込み」か？

自分の偏った思い込み、つまり「認知の歪み」については、デビッド・D・バーンズの「認知の歪み」の10パターンが有名です。例えば、「全か無か思考」（白か黒かどちらかに分けて考える、完全思考、完璧主義）や、「すべき思考」（自分で考えた基準を当然として、物事に対して「～すべき」と考えること）、「レッテル貼り」（誤った認知により、完全にネガティブな自己イメージを創作したり、他人にレッテルを貼ったりする）などがあります。

例えば自分の中に、「部下は上司が退社するまでは職場に残っていなければならない」という考えがあったとしたら、それは「すべき思考」に当てはまります。この「すべき思考」で考えると、定時退社をした部下に対して心中穏やかでなくなります。部下は効率よく仕事をして定時に帰っただけなのに、「なんだ、あいつは、仕事熱心じゃない」なんて思ってしまうわけです。

こうした自分勝手な思い込みで相手に対してネガティブな感情を生んでしまうケース、あなたにはありませんか。いったんそういう感情を持った部下とは、好ましい関係を築いたり、正当に評したりすることが難しくなると思います。

けれども、自分自身の偏った考え方、認知の歪みに気づき、それを修正すれば、自分の感情をうまくコントロールできるようになります。出来事のとらえ方を変えると生まれる感情も変わります。さらには自分の行動が変わり、相手の反応も変わってきます。

自分で自分に「反論」する

先に紹介したエリスの「ABC理論」には、さらに「D」と「E」があります。

Dは、「Dispute」…反論する
Eは、「Effect」…不快な感情の解消

Dは偏ったBに対する反論で、EはDによる効果を示します。つまり、不快な感情をもたらした非合理的な信念（B）を明らかにし、それに反論（D）を加え、論理的な信念を獲得すれば、不快な感情が解消するという効果（E）がもたらされるわけです。

「部下は上司が退社するまで職場に残るべきもの」という思い込みに対しては「すべき思考」が疑われます。そこで、「そんなことはない。誰でも退社する時間は自由じゃないか」と自分で反論できれば、部下にイライラすることはなくなります。

同様に、「部下は上司に黙って従うもの」という思い込みに対しては、「部下がどんな意見を持つかは自由」と自分で反論すればいいのです。

つまり、部下といい関係が築ける人というのは、偏った思い込みだったり、認知の歪みがない人、または偏りがあっても自分でそれに気づいて捉え方を変えられる人なのです。〝そういう見方もあるけれどこういう見方もあるんだな〟と多様な面から出来事をとらえることが大事だと思います。

よく言われるように、過去と他人は変わりません。変えられるのは、未来と自分自身だけです。部下との関係が良好でない場合、その原因を部下に問う前に、自分の偏った思い込みを疑ってみてはどうでしょうか。

他人を変えることはできません。他人が変わるとするなら、それは自分自身が変わったときだけです。

パート4

環境を見直す

女性のためだけではない「働き方改革」

第1章で、私は今の組織は「新しいマジョリティ」が台頭していると書きました。みなさんは管理職としてこの新しいマジョリティを束ねることになりますが、この人たちの特色を再度、お伝えしたいと思います。

新しいマジョリティは、会社一辺倒の古い価値観ではなく、「会社で働くこと」や「家事・育児・介護を担うこと」、または「私生活を充実させること」（趣味やボランティア、大学院での学びなど）をどれも大事にしたいと思う人たちです。そういう人たちをモチベーション高く働けるようにしないといけません。旧来的な「長時間労働は美徳」という価値観を持っていてはダメです。

「仕事を頑張り、私生活も充実させたい」と願う。しかし、会社から期待されている仕事上の責任を果たそうとすると、仕事以外の生活でやりたいことや、やらなくてはいけないことに取り組めなくなる。そうすると、ワークライフコンフリクトが生じるといわれています。

ワークライフコンフリクトの状態にある社員は、仕事に意欲的に取り組めなくなることが、様々な調査で明らかにされています。これが積もり積もると、「退職」が選択肢に入ってきます。ワーキングマザーであれば、ワークライフコンフリクトという言葉は知らなくても、仕事と育児の両立を巡る様々な葛藤を感じたことがあるでしょう。例えば、仕事と子育て、どちらかを一生懸命やればどちらかが不十分になってしまうという激しい焦燥感などです。

こうした葛藤が、女性だけでなく、仕事も私生活も大切にしようという男性、介護と仕事の両立をしないといけない中高年層に起こっています。ですから今は、女性のためだけでなく、みんなのために「働き方改革」をする必要があります。ワークライフバランスの環境を整えて、コンフリクトを解消していくことが大切です。

管理職になって権限を持ったなら、まずは自分のチームの中で働き方改革を検討、実行してみてください。例えば、「定時に帰るのが基本。残業はイレギュラー」だという〝時間の意識〟を高める取り組みをする。「うちのチームは労働時間ではなく、成果で評価します」と宣言してみる。

働き方改革の要諦は、業務を見直して、「本当に必要な業務か」「前例踏襲でやっているムダなものか」を振り分けて、後者の業務はやめて、そこで生まれた時間を売り上げと利益、価値創造に結びつくような業務に充てるということです。

その意識を持って「働き方改革」をしていきましょう。

現場でヒアリングを進め、課題を抽出する

私の事例をお伝えしましょう。編集長だったときに、編集部の中でおめでたが続

きました。次々と産休・育休に入る部下が増え、編集部のマンパワーが低下したため、業務を見直すことにしました。ムダな業務を削減し、記者が取材や記事執筆により時間を割けるようにしたいと考えました。

そこでやったことがヒアリングです。私が自分でみんなに話を聴くと本音が出てこないと思ったので、人望が厚かった副編集長に、派遣社員や学生アルバイトも含めた編集部全員に「あなたがムダと感じる業務は何か」をヒアリングしてもらいました。その狙いは当たりました。

「定例会とデスク会議の内容が重複している。これを1つにできないか」「企画会議の時間が長過ぎる。事前に企画書をみんなに送って読んでいることを前提に、効率的に運営できないか」といった多くの意見が出てきたのです。

最初、私は副編集長がまとめてくれた業務削減リストを見て複雑な気持ちがしました。なぜなら、編集部の仕事はすべて私の指示で行われています。つまり仕事を発生させているのは私なのです。必要だと思っている会議や業務が部下たちによって不要だとダメ出しされているわけですから。

一方で「よく考えたら、この会議は前例踏襲で開催している。省いてもいいな」「私も確かに企画会議は長いと思っていた。これからは終わりの時間を明確に設定して効率的に進めよう」との思いに至りました。

結果、編集部内の意見を生かす形でたくさんのムダな業務を削減しました。さらにそれは、編集部に休業者がいても、質を落とさずに毎号雑誌を作ること――すなわち編集部の生産性向上につながりました。

このことで学んだのは、「みんなの知恵を借りることの大切さ」と「改善のヒントは現場にある」ということでした。みんなの本音を言いやすくする工夫も管理職の仕事の一つと考えましょう。

「ワンオペ育児」は卒業する

職場環境だけでなく、生活環境も見直して改善すべきところは対策を打つことが重要です。管理職になった、もしくはなりそうというタイミングで、仕事と私生活のバランスを再度チェックしてみるといいでしょう。

例えば子供がいる場合は、「ワンオペ育児」は卒業しましょう。親や夫、親戚を含めた応援者などを巻き込んだマルチオペレーションを考えてみてください。

マルチオペレーションをするためには、自分の中にある「女性が家事・育児責任を担うもの」という思い込みを捨てることから始めてください。それをしないと、管理職として重責を果たそうとする「頑張る気持ち」と、母親としての責任を果たそうとする「責任感」がせめぎ合って葛藤が生まれます。これはつらい。

家事・育児だけでなく、将来的に介護責任もあなたに生じてしまう可能性もあります。まずは「女性が家事・育児責任を担うもの」という思い込みを捨てましょう。

自分の考え、希望、気持ちを素直に伝える

周囲の協力を得るためには、自分の考えや希望、気持ちを素直に伝えることは大切です。育児との両立で悩んでいる人であれば、夫に管理職として自分が会社から

期待されていること、そして自分自身が管理職としてやっていきたいこと、今後も一生懸命仕事をしたいことなどをきちんと伝えてください。相手が会社で働いているのであれば、管理職に登用されることの意味合い、キャリアにとっての重要性をある程度は分かってくれるかもしれませんが、実際のところ、妻がどんな仕事をしているか、会社でどんな役目を担っているのかについては無頓着な夫が多いかと思います。ですから、あなたの仕事にかける情熱をパートナーに熱く語って、協力を求めてください。

社会全体で「働き方改革」が進む中、パートナーの勤めている会社でも、ノー残業デーやテレワークなどの制度が導入されていると思います。半分のシェアは無理かもしれませんが、週1回程度のシェアから始めて、徐々に夫の比率を高めることを検討してみてください。そうすることであなたが自由に使える時間を増やしてください。

もちろん管理職としての悩みも相談してみましょう。違う会社、違う仕事をしている場合、思いもつかなかった角度からアドバイスをもらえることもあります。あなたを支える第一のサポーターになってもらいましょう。

これまで、「男は仕事、女は仕事も家庭も」というパターンであれば、そこから脱して「男も女も、仕事も家庭も」というスタイルでいくほうが、今後のあなたを大いに助けると思います。

「自己研さん」は怠らない

さて、こうして増やした自由に使える時間はぜひ、自己研さんに当てていただきたいのです。今は予測不能なＶＵＣＡの時代ということを申し上げました。これまでの成功体験が通用しない中で、経営からは新規事業や新たな価値創出などを求められるのが管理職です。あなたは管理職として様々な判断をしないといけません。その精度を上げるためにも、日々インプットは必要です。

業界や同業他社の動向をつかむための新聞チェックや話題のビジネス書に目を通すことなども必要ですが、私がオススメしたいのは「大学での学び」です。

私は50歳で法政大学大学院経営学研究科修士課程に入学しましたが、そこで経営理論やキャリアデザイン学の理論を学んだことが管理職としての自信につながり、部下マネジメントに役立ついろいろなヒントを得ました。また様々な業界から集まった同級生とのネットワークは何よりも得難いものでした。ほかの業界や企業の最新情報のトピックが役に立ちましたし、管理職としてのアドバイスももらいました。中年期での大人の学び直しは、人生100年時代の後半生を生きるうえで大きな肥やしになります。働きながら大学や大学院で学ぶ社会人は増えています。ぜひ検討してみてください。

第4章

女性管理職お悩み相談室（職場編）
～職場のコミュニケーションはこう解決する

お悩み 1

管理職として着任した職場の空気が暗い

部署の売り上げが低迷し、みんなから信頼されていた課長が別部署に異動。代わりに私が課長になりましたが、職場の空気が暗いです。チームリーダーとして何らかの声がけが必要なのでしょうが、言葉が見つかりません。

職場の雰囲気が何か暗い、活気がないと感じた場合は、「〇〇さん、おはようございます」と自分から先に、みんなに挨拶することを始めてみたらいかがでしょうか。「え？ そんな基本的なこと？」と思うかもしれませんが、「先に部下から挨拶をされてうなずくだけ」という上司は結構多いんですよ。それでは「自分から先に挨拶をした」ことにはなりません。あなたは部下より先に挨拶をしていますか？ まずは自分から挨拶をする。朝の挨拶は思いのほか大事です。

管理職になると、この職場で一番エライと勘違いしてしまう傾向があります。そうなると、「部下から上司に挨拶すべき」と思ってしまったりする（第3章でもお話した「すべき思考」が登場しましたね）。元気のない職場は、朝オフィスに行っても挨拶もろくにないまま仕事がスタートしてしまう。そうなるとずっと雰囲気は暗いままです。

今は取引先との連絡もメールが中心で、職場の電話も鳴ることが少なくなりました。従業員にスマートフォンを支給して、固定電話すら使わない職場もあります。こうした職場におけるコミュニケーションの希薄さを打ち破れるのが「朝の挨拶」です。ちょっとした挨拶から雑談になることも多く、仕事だけでなく普段の生活もお互いに知ることができたりします。ですのでぜひ、挨拶は上司であるあなたから率先して行っていただきたいですね。

運輸関係の会社で働くAさん（女性）は自分が管理職になったときに、大胆な改革をしました。通常だと管理職のデスクは、入り口から一番遠い職場の奥に配置されることが多いのですが、Ａさんは自分のデスクを入り口に一番近いところにしました。また、オフィスに貼られているホワイトボードの予定表も、通常は職位順に書かれますが、彼女はそれを上下逆にしました。結果、新入社員がボードの一番上になり、管理職の彼女は一番下になりました。

「私がこの職場で一番エライ人ではない。お客様に一番近い現場で働く部下たちが一番エラく、私はその人たちを下支えする立場なんです。ですから、自分の気持ちがひと目で分かるようにデスクの配置もホワイトボードの職位順も変えました」

昭和の組織にはガチガチのヒエラルキーがありました。管理職がその頂点に立ち、部下を指示し管理していました。でも、今の組織はもっとフラットです。組織のメンバーも多様です。管理職の指示に単に従っていればビジネスがうまくいっていた時代はそれでよかったかもしれませんが、今はそれが通用しません。今は部下が自分の頭で考え、主体的に行動してもらうことが大切なのです。部下の不安や葛藤を減らし、モチベーション高く働いてもらうことが管理職の役目になっています。

「サーバントリーダーシップ」というリーダーのスタイルも注目されています。サーバントとは「召使い」を意味します。このリーダーシップは、「リーダーはまず相手に奉仕し、そのメンバーが力を最大限発揮できるように支援する」というもの。Aさんはまさにその手法を取ったのです。

あなたの職場に活気がないのであれば、あなた自らがそれを作り出すことが大事です。明るい職場で部下に働いてもらう。そのために有効なのが、朝の挨拶なのです。

上司から先に部下に声をかける。もちろん明るく元気に。同じ挨拶でも、デスクに座って、パソコンから顔も上げずに、誰に言っているか分からないような「おはよう」はNGです。必ず部下の名前を入れ、相手の顔を見て、ニッコリしながら「○○さん、おはようございます」と言ってくださいね。

名前を呼ぶというのは、部下一人ひとりをあなたがきちんと見ているということです。「あなたのことをちゃんと見ていますよ」「あなたは大切な存在なんですよ」という承認のメッセージにもなります。

朝の挨拶に加えて、「○○さん、いつもありがとう。とても助かっています」「○○さん、お疲れさま」という「感謝」や「ねぎらいの言葉」も、いくら言っても言い過ぎることはないと思っています。

朝礼を活気づかせたある取り組みをご紹介しましょう。KDDI理事の最勝寺奈苗さんは管理職時代、グループごとに行われる朝礼に「グッド&ニュー」という時間を設けました。24時間以内にあったよいこと、もしくは新しいことを1分間で手短に発表するものです。「ポジティブシンキングを部下に勧め、組織を活性化し、お互い協力し合うチームを作る」という狙いから始めたそうですが、マンネリ化していた朝礼がガラリと変わったそうです(『なぜ、彼女たちの働き方はこんなに美しいのか』より)

やってみよう!

「○○さん、おはようございます」と毎朝みんなに〝自分から先に〟挨拶する

お悩み
2

男性社員が私を管理職と認めてくれない

うちの会社は男性社員の比率が高く、女性の管理職があまりいません。それもあってか、「会社が女性管理職を増やしたいだけでしょ」などと、男性社員が女性の管理職を認めてくれない雰囲気があります。バカにされているようで悔しいです。

「管理職は男性が務めるもの」という固定観念を持っている「女性上司をなかなか認められない人」も、まだ世の中にはたくさんいます。特に中高年の男性にその傾向が強く見られます。バカにされているようで悔しいというあなたの気持ち、よく分かります。

1999年に男女雇用機会均等法が改正されました。それにより「募集・採用」「配置・昇進」について男女の差をつけることが禁止されたため、それ以降、コース別人事制度をやめて総合職に一本化する企業が多くなり、男性と同じように総合職で働く女性が増えました。そのため、21世紀以降に社会人になったミレニアル世代の若い男性は、女性総合職に対しても女性上司に対しても、それほど抵抗のない人が多いと専門家は分析します。

しかし40歳以上の中高年男性には、まだまだ「女性に管理職が務まるのか」という旧守的な意識が残っていることが少なくありません。古い世代の男性ほど、「女性は男性を補助するもの」という固定観念があるわけです。

ある会社で課長に昇進した女性は、新任管理職挨拶で社内を回ったときに、ほかの部門の役員から「なぜ、あなたが管理職になれたの?」と面と向かって聞かれたそうです。「今の時代、女はラクに出世できていいよな」と同期の男性から揶揄された人もいました。自分と同じ職位の管理職にあからさまにライバル視されたという人も……。これらは「実力もないのに女というだけで昇進しやがって」という男性のジェラシーの表れでしょう。女性管理職を認めてくれないというあなたの会社もそうなのではないでしょうか。

「35歳までの女性の部下はかわいがるが、それ以降は自分のライバルになるからツブしてきた」と部長が酒席で自慢げに話していたと私に教えてくれた人もいました。どうも管理職ポストを争う相手と見れば、チャンスも与えず飼い殺しにするんだそうです。どうしようもない話ですね。

女性管理職という目立つ立場になると、こうした古いタイプの男性の心無い言葉に心を乱されることもあるかと思います。そんなときはとにかく、「相手にしない」「聞き逃す」「柳に風でいく」ことが何より肝要かと思います。

「なぜ、あなたが管理職になれたの？」

例えばこんな失礼な物言いに対しては、「私は係長時代にこのような業績を残し課長をサポートしましたので、そこを評価されたようです」などと正論を言ってもムダです。相手はそんな答えなど求めていません。本音は「ボクはあなたを管理職と認めていない」ということなのですから。

だったら、答えは簡単。「そうですね。なぜでしょうね（笑）」と微笑みながら受け流すに限ります。どうして昇進したかなんて自分自身にも分からないもの。とにかく何を言われようが関係ないと開き直りましょう。

もう一つ。「今の時代、女性はラクできていいよな」。この言葉はムッとしますよね。「何よ！」と思わず反論したくなりますが、これも「そんなことないですよ」と言いつつ、心の中で「確かにそうかもね。ラッキー！（笑）」くらいに受け流したほうがいいと思います。男性の嫉妬心にまともに対抗するのは時間とエネルギーがもったいないですよ。

なお、「社会の女性活躍推進の流れに乗って、今の女性はラクに昇進している」という考え方には大いに反論があります。日本の企業の昇進のシステムを見ると、これまで男性たちはある一定の職位（課長など）までほぼ横並びで昇進してきました。同期の中で昇進が遅れる男性がいると、「アイツも結婚して家も買ったからそろそろ課長にしないと……」という、実績とも実力とも関係ない、わけの分からない理由で登用されたりしていたのです。「こういう男性は成果が簡単に出やすい部署にわざわざ異動させて、花を持たせて昇進させた」とはある男性経営者の言葉。下駄を履かせた温情人事の実態にあきれませんか。「オールド・ボーイズ・ネットワーク」という互助組織で昇進も決められていたのです。

つまり、これまでは、管理職にふさわしくない男性まで、男性という理由だけで昇進が約束されていたのが、日本企業の実態。これこそ、ラクというのでしょう。そんなこれまでの経緯も知らずして、「女はラク」と言い放つ男性など笑止千万です。相手にしないほうがいいです。心の中で、「今に見てろよ」と闘志を燃やしましょう。

今は、性差に関係なく、そのポストに就任するのが最適な人が昇進しているだけです。あなたは実力でそれを勝ち取ったのですから、理不尽な男性の言葉に対しては「恐れ入ります」とニッコリ受け流しましょう。

やってみよう!

中高年男性の理不尽な言葉には「恐れ入ります」とニッコリ受け流す

お悩み 3

シニア層の男性部下の扱いが分からない

新人時代にすごくお世話になった上司のKさんが、定年後再雇用で私がいる部署に配属されてきました。うれしい半面、私の部下になったKさんをどう扱っていいか分かりません。また、Kさんのモチベーションも下がっているようです。

定年延長や定年後再雇用で、シニア層の男性が職場に多くなりました。かつて自分の上司だった人も役職定年で平社員として働いているというケースも少なくありません。そういった年上の男性部下をどう扱えばよいかというのも女性管理職のよくある悩みです。

ただ、そんな人もいくつかパターンに分かれます。

1つは役職定年で管理職から平社員になった部下の場合。このような年上部下はいまだに上司気分が抜けきれません。上司時代の名残で呼び捨てにされてしまったり、「来期予算は組んだのか？　この経費の計上を忘れちゃだめだぞ」と上司風を利かしてきたりします。このほか、かつての女性部下が上司になったことで心の折り合いがつかず、何かと非協力的だったりすることもあります。

もう1つは、Kさんのように、定年後再雇用で年上部下のモチベーションが下がっているパターンです。この場合、定年前と同じような働きと成果を会社から求められているにもかかわらず、収入が大きく減ってしまったということが大きいと思います。周囲から「会社にぶら下がっている人たち」「終わった人たち」と見られることも気分を暗くしています。

「キャリア・プラトー」という言葉があります。このプラトー(plateau)は、直訳すると「高原状態」となりますが、この場合は、「停滞」を意味します。キャリア・プラトーとは、組織内での昇進や昇格の可能性がなくなったり、または自分自身が行き詰まったと感じたりして、本人のモチベーションが低下してキャリアが停滞してしまうことを指します。

男性は「係長→課長→部長」と出世の階段を上ることに大いなる魅力を感じ、上を目指して頑張ってきたわけですが、その可能性が閉ざされてしまうとキャリア・プラトーの状態になります。キャリアの閉塞感を感じ、将来に対するあきらめや無気力に支配され、アイデンティティーを見失うこともあり、キャリア・プラトーは中高年の危機を引き起こすともいわれています。役職定年か定年後再雇用となった年上の男性部下は、「プラトー族」になっていることがほとんどではないでしょうか。

彼らのモチベーションを上げるには、まず、これまでのキャリアや実績に対し、敬意を表するところから始めましょう。

例えば、「Kさんの実績はすごいですね」と表面的なことを言っても心に響きません。これまでどんな仕事をしてきたか、彼らが最も輝いていたときはいつか、高く評価されている実績は何なのか、社内の評判などをリサーチします。そのうえで、敬意を表します。

例えば、「新規事業を立ち上げて新たな売り上げを作り、会社に貢献してきた」

という定量的なことと、「たくさんの後進を育てて人望が厚い」という定性的なことを伝えてみる。そうすることでKさんも、この上司は口先だけでなくて、「自分のことをちゃんと知ってくれている」「見てくれている」と感じてくれるかもしれません。そうなると距離がグッと近づきます。

次に「自分は会社から管理職としての役目を与えられていて、今はたまたまKさんより職位が上になっていますが、会社の、そして人生の先輩として尊敬していま
す」と伝えてみてはどうでしょう。

実際にKさんのような人は、会社の先輩としてどんどん頼っていいと思います。自分より長く会社に在籍していて、会社の歴史を知っていますからね。過去に起こったトラブルや修羅場も経験しています。管理職としての経験も長いでしょう。あなたのよき知恵袋になってもらいましょう。

そしてKさんに期待しましょう。彼らがくすぶっているのは「もう昇進がない」というだけでなく、自分は会社から「もう期待されてないお荷物」だと思っているからです。「あなたの培った技能やスキルを若手に伝承してほしい」「後進の育成に

力を貸してほしい」「あなたの力でこの部署に貢献してほしい」ということを伝えると効果的です。人は頼られるとうれしいもの。意気に感じるものです。

また、シニア層の男性の場合、会社の役員層や事業本部長クラスと同期だったり、懇意にしたりしていることも多々あります。会社のＶＩＰ層とあなたの橋渡しをしてくれる可能性もありますので、良好な関係性を築いていきましょう。

もちろん、困っていることがないかどうかも聞いてくださいね。「職場のＩＴ環境に慣れない」「老眼で部署の書類が読みにくい」「遠方の親の介護で悩んでいる」など、この世代ならではの悩みが出てくるかもしれません。会社のシニア層はあなたの将来の姿でもあるのです。しっかり支援して力を発揮してもらいましょう。

やってみよう！

シニア層の男性部下にはリスペクト「お力をお貸しください」と頼ろう

お悩み
4

育児休業を取りたいという若手男性への対応は？

小泉環境大臣の育休取得で弾みがついたのか、うちの会社でも男性育休第1号が誕生しそうです。しかも自分の職場から。「子供はかわいいだろうけど、育休を取るなんて、今の若手男性はどうなってるの！」というのが本音です。

「今の若手女性は肉食系でバリバリ働くけれど、男性はおしなべておとなしい草食系」「若手男性を叱ったら、ツーッと一筋の涙が頬に流れてビビった。今は人前で男子が泣く時代なの？」――。若手男性が変わってきたという話は、企業取材をしていると山のように聞きます。管理職としてどう接していいか分からないと、男女問わず悩んでいる状況です。

実際、男性の意識は大きく変化しています。若い女性も変化していますが、男性のそれとは比較にならないとも言われています。その変化に女性と社会が追いついていないのではないかと指摘する専門家もいます。

若手世代は父親世代とは違い、自分の勤めている会社が定年まで存在し、自分の雇用が保証されるとは思っていません。専業主婦を抱えて自分一人で家族を養うことに大きなプレッシャーを感じており、共働きも当たり前になっています。

「夫は外で働き、妻は家庭を守るべきである」という考え方については、20代の男性は47・2%、30代の男性52・3%が「そうは思わない」と答えています（内閣府調査・2018年）。2014年の連合調査では、20代の男性の8割近くが育休の取得意向を持っていることが分かりました。

中高年の男性上司は、自分と同じ性でありながら、自分たちとは違う価値観を持つ若手部下に大いに戸惑っています。そういう若手に対して「男らしくない」とか「たるんでいる」とか「オレの若いときは……」なんて一席ぶっても、若手男性には響きません。定年まで雇用が守られている中高年世代とは時代状況が違いますから。

「仕事だけの人生を送りたくない」「私生活も楽しみたい」と思う、昭和時代ともバブル世代とも違う行動様式や価値観を持っている若手男性が増えていることを踏まえたうえであなたは接したほうがよいのです。

若手男性が女性上司に抵抗が少ないのは、前項で書いた通りです。その点はややすいのですが、むしろあなたの中にオジサンのような思い込みがないか注意したほうがよいでしょう。

これからあなたは何度も若手の男性部下から、「子供が生まれるので育児休業を取らせてください」とか「育児時短を取りたいです」と言われるでしょう。その際、「オトコのくせに育休取るなんてどういうこと？」と思ってしまったら、管理職失格です。「男は仕事、女は家庭」はかつての常識で、今はそれが通用しません。今は「男も女も、仕事も家庭も」が常識なのです。

今後、子供のいる男性部下から、「子供が熱を出したので保育園にお迎えに行きます」といった申し出も増えてくるでしょう。そんなときも、「子供が熱を出したって？ 奥さんに迎えに行ってもらえばいいじゃない」と思うのもNGです（こんなことを書いている私も、実は取引先の男性から「子供が熱を出したので明日の打ち合わせ、延期してください」と言われたときにそう思ってしまったことがあります……。反省しています）。

男性も女性も子供が生まれたら等しく育児責任があることをあなたは肝に銘じないといけません。男性だってこれからは時間制約が生じ、女性と同じように育児と仕事の両立に悩む時代なのです。

女性部下の育児休業の申し出に対して、さすがに嫌な顔をする管理職はもういないと思いますが、男性部下の育休取得に対して快く送り出せるでしょうか。そこが今の管理職の力量を測るリトマス紙になると私は思います。

「育休を取るなら出世はあきらめろ」と脅す男性上司もいるらしいですが、これなどは、「パタニティハラスメント」（パタニティ paternity ＝父性のこと。男性の育児参画など自らの父性を発揮する権利を侵害すること）以外の何物でもありません。

男性部下から育休や育児時短の申し出があれば、あなたは「分かりました」とニッコリ笑って快く送り出してください。

男性の育休取得を推進する企業および男性取得者に取材したときに感じましたが、育休を経験した男性は、復帰後に生産性が向上し、多様な視点を持つようになる傾向があるようです。育児を担う大変さが分かったために女性への理解が深まり、なおかつ育休を取得させてくれた上司や会社へのロイヤルティーが上がるというメリットもあります。上司にとっていいことずくめではありませんか。

やってみよう！

育休取得を申し出る若手男性には
ニッコリ笑って快く送り出す

お悩み 5

エース級の若手部下が辞めたいと言っているらしい

困りました。本当に……。若手ながら職場のエースとして活躍する部下Hさんが会社を辞めたがっているらしいのです。優秀で人柄もいい貴重な人材。私のコミュニケーションが足りなかったのか。何とか引き留められませんか。

一般に、「3年3割」といわれるように、大学を卒業した新入社員は入社3年以内に約3割が離職しています。これは近年に限った話ではないのですが、最近では、誰もがうらやむ大手企業をサクッと辞めてベンチャーや外資系企業に転職するケースも少なくないようです。あなたの場合のように、エース級といわれる優秀な人材ほど辞めてしまうことに頭を悩ます会社もまた多いのです。

それほど転職というものに抵抗がなくなっているということですが、この人手不足の折、高いコストをかけて採用した人材が、しかも優秀な人材が早期離職してしまうのは、会社としての損失はもちろん、管理職としての力も問われてしまいますね。

早期離職の一つの原因は「昭和的な職場」と言われています。「長時間労働は美徳」という価値観で夜遅くまで残業をしたり、休日出勤が恒常化したりしている昭和的ムードが漂う職場は、今の若手には強い抵抗があります。旧来型のコマンド&コントロールのマネジメント手法にもなじみません。

大手企業の場合は、年功序列があるため、自分のやりたい仕事、希望の部署や職位に就くのに気の遠くなるほどの時間がかかると感じ、自分の希望がすぐに実現できそうなベンチャーに転職するケースもあります。

また、ほかに考えられることとして、あなたの職場のエース級の若手部下が、職場で孤独になっていたりはしないでしょうか。

あなたが入社したときはまだ会社に余裕があり、職場に先輩が多くいて、新入社員時代には、手取り足取り教えてくれていたかもしれませんが、今は、違っていませんか？　今は多くの企業で職場に若手を育成する余裕がなく、若手も即戦力としての役割を求められます。

また、採用をできるだけ絞って新入社員を減らしているため、初任配属された部署からずっと異動できない。しかも、その部署に新入社員が入らないため、何年も入社1年目と同じような〝雑用〟もさせられているということがよく見受けられます。自分が若手だったときと今とでは、想像以上に大きな変化があるのです。

ミレニアル世代は成長意欲が高いため、こうなると自分の成長を感じられずに意欲を失いがちになります。加えて、同じ部署に同期もいない、仕事を親切に教えてくれる先輩もいないということがいくつか重なると、転職という考えが頭をよぎるわけです。

若手の離職を避けるためには、まずコミュニケーションを密にするように心がけましょう。かくいう私も、数えると片手で足りないくらいの優秀な部下が職場を去っていったという経験があります。みなさん、その後に起業したり、転職したり、フリーランスになって華々しく活躍されているので、それはそれでよかったと思うのですが、会社にとっては痛手ですね。

今思い出すと、私の配慮やコミュニケーションが足りなかったと反省しています。優秀な部下の場合、仕事を任せても安心で、手もかからないため、逆に上司とのコミュニケーションが希薄となってしまうことがあります。これが〝やらかしがちな部下〟の場合、相談を受けたり、指導したり、助言したりで接触する時間が案外多かったりするのですが……。

優秀な部下が会社を辞めると決断するまでには長い時間にいろいろな紆余曲折があったと思うのですが、もっと踏み込んで話を聞けなかったのかと今さらながら思います。

ですから、部下と面談するのが半期に一度の評価面談だけということは避けましょう。また、若手のほうから管理職に対して面談を申し込むのは心理的なハードルがあります。若手から上司に「お話があります」と言うときにはすでに離職の意向を固めているとき。その前段階のモヤモヤしているときにキャッチすることが重要です。

例えば、第3章で紹介したように、上司から「1on1ミーティング」を設定して、若手が仕事に対してどんな思いを抱いているのか聴いてみてはどうでしょう。そして「私はあなたのことを気にかけている」「あなたを支援したいと思っている」ということを伝えるのです。

仕事のできる若手であれば、部署の業務や、上司や先輩の仕事の仕方などに一家言あるのかもしれません。例えば、若手の仕事の悩みが、「職場の残業の多さ」であれば、「ではどうしたら残業を減らせると思う?」と意見を言ってもらいましょう。「業務フローで気になるところはない?」「会議はどうやったら効率的になると思う?」とどんどん質問をぶつければいいと思います。

むろん、その意見がすべて反映されるわけではありませんが、上司が意見を求め、一定の理解を示してくれたということが若手には重要になるのです。

または、こういうときこそ、飲みニケーションが効くのかもしれません。「今の若手は上司と飲みに行くのを嫌がる」とよく言われて上司が部下を誘うことを躊躇してしまいますが、若手社員に聞くと、「そんなことはありませんよ。ぜひ!」というウエルカム派も案外多いもの。お酒でなくても、ランチでもお茶でもいいのですが、職場を離れて、部下がリラックスして話ができる場を設定することも検討してみましょう。

やってみよう！

接触が少なくなりがちな若手とはときには飲みニケーションも効果的

お悩み 6

部下になった先輩（女性）の対応が難しい

部下になったかつての先輩（女性）の扱いで悩んでいます。昔から親しかったCさんは「ねぇ、〇〇ちゃん」と妙に馴れ馴れしく、仕事のできるベテランのMさんは「どうしてもと言うならやるわよ」と、何かと反抗的な態度で接してきます。


女性部下と男性部下。あなたはどちらがやりにくいですか。

男性部下は、組織のタテの論理が身についているので、上司がたとえ女性であったとしても部下としての振る舞いをわきまえていることも多いのですが、女性はそうでないことも往々にしてあるようです。

あなたの場合は、女性の先輩が部下となり、その対応に困っているわけですね。

しかも、馴れ馴れしい部下と反抗的な部下、真逆のタイプが2人……。

Cさんのケースは、上司のあなたを「〇〇ちゃん」と昔と同じ呼び名で呼び、しかもタメ口なんですね。部署全体がカジュアルな呼び方・言い方であればまだしも、Cさんだけが、昔からの親しさで「ちゃんづけ、タメ口」になっている。Cさんに悪気はないかもしれませんが、ビジネスマナーとしてはいかがなものか。きっと、あなたは「ほかの部下に示しがつかないので、呼び方と言い方を改めてください」と言いたいのでしょう。でも、言えば角が立ちそうなのでモヤモヤしている。言いたいのに言えないところに、女性同士の親しい関係を壊したくない、先輩のCさんに嫌われたくないというあなたの葛藤を感じます。

一方、仕事のできるMさんのケースは、あなたをライバル視しているのかもしれません。自分ではなくあなたが管理職に抜擢されたのでそれが面白くなく、嫉妬心もあり、それがあなたに〝反抗的〟と見られる態度になっているのでしょう。「自分のやり方に文句をつけて反発してくる」だけでなく、「自分の指示を無視されることもある」としたら困りますね。

仕事ができるベテランの女性社員の場合、女性社員に対する影響力もあります。あなたは「Mさんが自分のいないところで私の悪口を言いふらしているだろう」ということまで心配していませんか？　そうなると気苦労が絶えませんね……。

Cさんと Mさん、どちらのケースもまずは時間を取って面談することでしょう。そして自分の気持ちを率直に伝えることです。その際に大事なのは、これまでいろいろと教えてくれた女性の先輩としての感謝を伝えることだと思います。そのうえで、「自分は今、たまたま管理職としての役割を会社から与えられているけれど、それはあなたよりエライとかそういうことではありません。立場が違うだけです。私はこの組織でみなさんがやりがいを持って働く環境を作りたいと思っているので、ぜひご協力をお願いしたい」と言ってみましょう。このあたりはシニア層社員の対応と基本的には一緒です。

Cさんの場合は、プライベートであればよいけれど、職場では「ちゃん付け」を改めることをお願いしましょう。

Mさんの場合は、彼女自身の抱えている葛藤を整理する必要があるのかもしれません。あなたへの個人攻撃の裏に、自分がふさわしい扱いを受けていないという感情のほかに、会社の女性登用のやり方やベテラン女性社員の処遇のあり方を問題視しているのかもしれません。会社が若手の女性だけ重用している、私たち世代の女性の処遇がないがしろになっている、研修の対象にもなっていない、などです。

もしそういうことであれば、どんなところが問題だと思うか聞くといいでしょう。そこに会社の課題を解決するヒントがあるかもしれません。

「Mさんが課題だと思っていることをぜひ教えてください。それを私が管理職として上層部に課題として上げることも可能です。会社をもっとよくするために私をどんどん利用してください」と言ってみると関係が変わってくるかもしれません。

多くの企業で、ベテランの女性社員のモチベーションをどう上げればよいか悩んでいます。不満を抱えたままで働き続けることは会社にとってもベテラン女性にとってもよいことではありません。その課題解決に当事者であるMさんに力を貸してもらうのです。

例えば、「研修の年齢制限を取り払い、誰でも手挙げ式で参加できるようにする」

「希望すれば全国どの事業所で働いていても、キャリアアドバイザーにキャリアの相談ができる制度を作る」など。その解、またはヒントでも見つけることができれば、あなたは会社とベテラン女性双方に対して貢献することができるのです。

第2章で、「後進の女性にバトンをつないで」とお伝えしましたが、これまで尽力されてきた先輩であるベテラン女性たちに対しても心をかけていただきたいと思います。

やってみよう！

不満のある年上のベテラン女性部下には「私を利用してください」と言う

お悩み 7

「お局女性」が職場の雰囲気を悪くしている

Eさんは50代のベテラン女性ですが、新しいことを全く覚えようとしません。それどころか「そんなに頑張る必要ないわよ」とやる気のある人の足を引っ張ることもあります。お局様的存在なので、部署に与えるマイナス面が大きいです。

会社の中の女性は、入社年次によって大きく2つに分かれます。

20世紀に入社した40代以上の女性たちは、「総合職」と「一般職」というコース別人事制度があった時代に入社しており、「男性＝総合職、女性＝一般職・補助職」の中で働いてきました。その後、コース別人事制度が撤廃されて、一般職の女性が総合職に転換する会社も多くなりましたが、なかなか一般職の意識が抜けず、会社もその処遇に迷いが見られます。この世代の女性たちは、入社時には一生働こうと思っておらず、結婚や出産のタイミングでの退社をイメージしていましたが、結果的に長く働き続けるというパターンが多いようです。

それより若い世代だと、男性と同じように総合職・基幹職で入社した女性が多くなります。この世代は、逆に、結婚・出産で辞めることは想定しておらず、好むと好まざるとにかかわらず一生働き続ける覚悟はできていたりします。

さて、今この若い世代が管理職となり、40代以上のベテラン女性が部下となることが増えました。そんな中、あなたのようにベテラン女性たちが仕事に意欲的でないことを訴えるケースがとても多いのです。

上司と部下、同じ女性でありながら、結構深い溝がありそうなのですが、ここでぜひあなたにお願いしたいのは、ベテランの世代の女性の心理状態を理解していただきたいということです。

彼女たちが入社した時代には、職場に明らかな女性差別がありました。セクハラも横行していました。仕事を頑張っても男性と比べて評価もお給料も低い。昇進もない。人事異動もされず同じ職場に塩漬け。このように、長きにわたって理不尽な目に遭ってきた女性たちが多いのです。

このような場合、学習性無力感が生じるといわれています。学習性無力感とは、長期にわたってストレスフルな状態に置かれた人は、「何をやってもムダ」だと学習して無力感が生じる、意欲を失ってしまうというものです。

意欲の低いベテラン女性に対して、「やる気がなく、たるんでいる」「やる気のなさを周囲にまき散らしている困った存在」と見切ったり、排除したりすると、当然ながら改善はできません。でも、「会社の処遇のまずさから無気力を学習してしまった女性の先輩たち」とベテラン女性をとらえるとどうでしょうか。Eさんが意欲がなくなった理由を少しでも理解しようとすれば、あなたのEさんを見る目が変わってくるのではないかと私は思います。

この状況を改善するには、あなたがEさんに期待することです。Eさんのこれまでの仕事や実績、強みを確認して、彼女にふさわしい役割を与え、成果を期待しましょう。

例えば、Eさんのように一つの部署に長く在籍している場合、この部署にある様々なムダもきっと知っていると思います。会議のムダ、書類のムダ、業務フローのムダなど。その改善をベテランの先輩女性に託してはどうでしょうか。

「Eさんにはこの部署で長く総務的な仕事をしていただいています。これまでいろいろな管理職の仕事ぶりも見てこられたと思いますが、ぜひ、部署の業務改善について相談に乗っていただきたいのです。ご意見をいただきたいのです。業務のムダを改善して効率のよい部署にすることにご協力いただけないでしょうか」

ベテランの先輩女性に業務改善プロジェクトのリーダーになってもらい、主任クラスをサブにつけてその業務を任せてみるのです。彼女のようなベテランになるときっと業務改善については一家言あるはず。自分なりの考えもあるはず。でも、上司から言われない限りそれを披露しません。なぜなら、波風を立てたくないからです。でも、上司から「どう思いますか？」と相談されたらきっと違います。「長くこの部署で貢献してくださったEさんなら、きっとよい業務改善案を作っていただけると思います。期待しています」と言われたら、心が動かないでしょうか。

ベテランの女性の多くは、「〇日までにこの業務をやってください」と指示をされることはあっても、上司から相談されたり自分の意見を求められたりする経験は少ないのです。人は誰でも承認されたいという欲求を持っていますが、究極の承認とは「相談すること」なのだそうです。

大切な業務を任せてみる。そして自分の意見で部署が改善できるということを体験してもらう。自分が部署運営に関わっているという「当事者意識」を醸成することがカギになります。

やってみよう！

仕事の意欲を失っているお局さまには「どう思いますか？」と相談してみる

お悩み
8

時短中のワーママを第一線に戻したい

独身時代バリバリ働いていた部下のFさん。今は育休から復帰して時短勤務で働いていますが、何だか最近元気がないのが気になります。小さな子供がいるから時短勤務は仕方がないのですが、何とか第一線に戻ってほしいと思っています。

子供を持って働き続ける女性は増えています。それはとても喜ばしいことなのですが、一方、企業側からは「時短で働く女性が多くなって困っている」という声も聞かれます。出産前は外勤で働いていても育休復帰後は時短勤務のため、内勤に回されるというケースもよくあります。内勤の職場が時短勤務者ばかりになって飽和状態になり、新しい時短勤務者の配置に困っている、時短をフルに取る女性が多くて戦力が落ちているなど、企業は時短勤務者のマネジメントに課題を持っています。

あなたの場合は、「子供のいるFさんが時短勤務になるのは仕方がないけれど、何とか第一線に戻ってほしい」と考えているわけですね。時短勤務になるとどうしても任せる業務に限りがあり、それを何とかしたいと思っているのでしょう。ほかにも子供のいないときにはバリバリ働いていたFさんが、今は仕事の意欲を失っているように見えるのも気になっています。この事態を改善したいということですね。

こうした問題を考えるとき、資生堂が2013年に実施した働き方改革が参考になります。これは、資生堂の美容職（ビューティーコンサルタント、以下BC）に時短勤務者が増え、遅番・土日勤務なしのBCが多くなり、通常勤務のBCに大きな負担がかかり、職場に不公平感が生じたことから取り組んだものです。

上司はBCと個別面談の機会を持ち、働き方改革の意図を説明し、育児環境などをヒアリング、またDVDを配布し、「育児をしながらもキャリアアップしてほしい」との会社側のメッセージを伝えました。どうしても育児協力者がいない場合は、ベビーシッター代の補助金を出すなどの支援策も準備しました。

その結果、なんと約98％のＢＣが遅番、土日勤務ありのシフト勤務に移行しました。つまり、「子供を産んだら時短勤務は当たり前」「遅番・土日勤務に入らなくてもいい」という女性たちの考えに風穴を開けたのです。工夫をすれば遅番、土日勤務も可能でしたが、しなかっただけ。しかし、ＢＣたちは会社の支援制度を使用したり、夫に育児協力を求めたりして、働き方を大きく変えたのです。

さらに、「時短勤務だとキャリアアップは難しい」という思い込みに対して、会社側から「育児しながらも活躍してキャリアアップしてほしい」という強いエールと期待をもらうことで、その〝あきらめ〟を払拭して、キャリア意識も高めたのです。

ですから、あなたはまず、ワーママＦさん自身の抱えているモヤモヤをヒアリングしたほうがよいでしょう。子供がいる場合、多くの女性が仕事と育児の両立に葛藤（＝ワークライフコンフリクト）を感じたり、子供に対して、「お母さんが働いていて寂しい思いをさせている」という罪悪感を持ったりしているものです。

また、Ｆさんのように独身時代バリバリ働いた仕事が好きな人は、時短勤務の今の自分が会社に貢献できていないという焦燥感に駆られたり、思うように働けないつらさ、もどかしさ、職場の人たちに対する申し訳なさを感じたりしているものです。そして申し訳なさが募ると「会社を辞めたほうがいいのかも……」という離職につながっていくので注意が必要です。会社と仕事に対する愛着がある人ほど〝申し訳ない〟と思うものなのです。

そういう心のモヤモヤを整理しないと意欲高く働くことができません。

そこから抜け出るためには、Fさんが持っているかもしれない「男は仕事、女は仕事も家庭も」という思い込みを問い直す必要があります。週1回でも夫の協力を求められないかなど育児環境を確認しましょう。もしあなたに育児経験があれば、どのように育児を夫婦でシェアしたかなど先輩としてのベストプラクティスを伝えるといいかもしれません。そして、夫婦で育児をシェアすることのメリットも伝える。子供に対する罪悪感など持たなくてもいい、子供は働くお母さんをきっと誇りに思うよ、と励ますのです（詳細は第5章、第6章をご覧ください）。あなたに育児経験がない場合は、ほかのワーママの好事例を引用して話すといいでしょう。

そして、いつフルタイム勤務に戻りたいかFさんの希望を確認しましょう。この場合気をつけたいのが職場の残業実態です。残業が常態化している職場は、なかなかフルタイムに戻れません。なぜならフルタイム勤務に戻ると「残業できる人」にカウントされて、残業が発生するような仕事を割り振られるリスクがあるからです。

定時までは勤務できるけれど、残業がある職場なので時短を選ばざるを得ない女性も少なくないです。しかし、定時退社が基本の職場なら、フルタイム勤務に戻りやすくなります。このように職場全体のワークライフバランス環境を整えることが、ワーママ部下にとって大きな支援にもなります。

子供がいてもキャリアをあきらめる必要がないこと、育児期でもあなたの仕事ぶりに期待していること、あなたが活躍できるよう支援することを伝えましょう。

やってみよう！

仕事と育児の両立に悩むワーママには葛藤が軽減するよう支援する

お悩み 9

「意識高い系」の女子社員が下積み仕事を嫌う

今の若い子は英語もできるし、キャリア意識もしっかりしています。ただ、「意識高い系」というのでしょうか、いわゆる事務的なルーティン仕事を〝雑用〟として嫌う子が多い印象があります。そんな部下の扱いに困っています。

こういった若手の話は最近よく聞きます。成長意欲が高いのは喜ばしいことだけど、そのあまり、最初から地方の事業所ではなく本社勤務を希望したり、営業職ではなく企画職になりたかったりするのだそうです。そして任せた仕事の種類によっては、雑用だと思うのか露骨に「なんでそんなことを私がしなくてはいけないのか」という顔になったり、またあるときは、「この仕事は私のキャリアにどういう役に立つのですか」と聞いてきたりするそうです。きっとあなたの部下も同じタイプなのかもしれません。

あなたの部下は、与えられた仕事が自分のキャリアにどう寄与するか考えているのだと思います。つまり、会社よりも自分のキャリアが主眼になっているわけです。

ここであなたに考えていただきたいのは、これまでより、若手社員にはキャリア形成を急ぐ傾向があるということです。「30歳までに実力をつけたい」「天職を見つけたい」「華々しい実績を積みたい」という「30歳までに」思考です。これは、女性社員に特に強く、結婚・出産というライフイベントが始まる前にキャリアを強固にしておきたい、会社で存在感を示したいという気持ちがそうさせています。

私事で恐縮ですが、20代後半の私の娘は最近友達と会うと、「なぜ女性は理不尽な目に遭うのか」という話で盛り上がると言っていました。つまり、結婚しても子供を持っても男性は働き方を変えなくてもいいのに、女性のほうは大きな人生の変化がある。結婚や出産で仕事を辞めた友達も複数いて、その状況を鑑みると、「何か女性だけ損をしているような感じがする」そうです。

女性が働き続けることの社会的なインフラや支援体制が不十分ということの表れなのですが、「30歳までに」思考は、つまり結婚や出産という「まだどうなるか予想がつかないもの」に女性は自分のキャリアや人生が大きく転換するため、その前に、「ひと花咲かせたい」ということなのです。なお男性の場合は、「40歳まで」を一つの区切りにしている人も多いと聞きます。男女で10歳の違いがあるわけですね。「意識高い系」の若手社員に必要なのは、キャリアの見通しと会社の全体像を把握することだと思います。自社にどんなキャリアパスがあるのか、先輩たちはどのようにキャリア形成をしているのか――。あなた自身のキャリアの歩みを、一つのサンプルとして話すことも効果的だと思います。

会社の全体像の把握についてですが、あなたは自社のミッションやビジョン、中期経営計画などを部下に分かりやすく説明しているでしょうか。中期経営計画のどの部分に自分のチームが位置しているかを解説していますか。「あとで読んでください」と資料を渡して終わりになっていませんか。または資料を読み上げるだけになっていませんか。自分の言葉で部下に伝えていますか。会社のミッションと自分が決めた部署のミッションはリンクしていますか。

仕事は必要があって発生するものであり、その意味で「雑用」というものは一つもないはずです。しかし、会社の全体像がつかめず、なおかつ自分の所属する部署の役割が分からないと、自分の仕事の価値も分かりません。例えば、ウェブサイトのPV集計という地道な仕事が、回り回ると会社のデジタル戦略推進に寄与しているなど、そういう感覚がつかめないのです。

管理職は会社の理念や戦略と、部下にアサインした仕事の架け橋となるようなことを伝える必要があります。「あなたに担当してもらう仕事はデジタルの知見を増やすということであなたのキャリアにも役に立つし、会社のデジタル戦略の一翼を担うことになるのよ」などと伝えてみてください。

やってみよう！

意識高い系の若手女子には「雑用という仕事は一つもない」

お悩み

10

「優秀なナンバー2」に脅威を感じる

経験のない営業部に管理職として異動しました。そこのナンバー2のGさんは在籍歴も長く営業職として実績もあり優秀です。一方、私は初めての部署なので専門用語もちんぷんかんぷん。私がここにいる意味はあるのかと悩んでいます。

前から在籍していた部署で昇進する場合は、ホームグラウンドだから大丈夫ですが、自分が管理職として、経験のない部署に新たに着任することになったらどうでしょうか。担当したことのない分野、メンバーもこれまで一緒に働いたことのない初めての人ばかり。高まるアウェー感。会話に出てくる専門用語も分からず、それでも「これはどんな意味ですか」と訊ねると、「そんなことも知らないのか」と思われないかと、そっとスマホで検索するということも多々あります（自分もそういう経験があります）。

これは、管理職に新たに昇進するときよりも、管理職として横異動するときに起きがちな現象です。女性は男性より職場異動が少ないため社内人脈が広がらず、着任先に知っている人が全然いないという事態にもなりがちです。

あなたの場合もそうではないですか。初めて管理職になった部署は長く在籍していたところで、前任の管理職から早くから後継者として育成されたので、課長に昇進しても不安や迷いはなかった。しかし次に課長として異動した先は営業部で、あなたには営業の経験が全くなく、部下も「はじめまして」の人ばかり。

部署で一番の上席であるあなたが一番知らないというジレンマを感じているのですね。この部署の要は、営業経験豊富な係長のGさん。営業職としての実績もあり、部下からの信頼も厚い。あなたは自分の居場所がなかなか見つけられず、この部署に必要な人間なのかしら、とまで思い詰めているようです。

Gさんを頼りながらも、Gさんが自分の地位を脅かすとまで思っていそうなので、ある意味、あなたにとってはアイデンティティーの危機だったのでしょう。

さて、この手の悩みも女性管理職からよく聞くのですが、男性からは聞いたことはありません。これは管理職としての仕事のとらえ方の違いに原因があるようです。

あなたは、管理職なら何でも知っていなければいけない、どんな仕事にも精通しないといけないと思っていませんか。仕事を抱え込んだりしていませんか。それはどうも違うようです。管理職は、どの部下がどんなことを知っていて、誰がどんな強みを持っているか知っていることが大切なのです。例えばあなたであれば、あなたがGさんになる必要はないわけです。Gさんのようになるには長い年月が必要でしょう。あなたにはGさんと違う役目があるのです。

あなたのように営業経験がなく、営業部の管理職になったHさんのケースを紹介しましょう。Hさんの場合もあなた同様、実践のあるIさんがナンバー2でした。ただし、Hさんは、営業活動から帰ってきた部下の話に耳を傾けているうちに、部下の求めることが分かるようになったと言います。

「私がこれから営業職としてイチからやれるはずもない。営業の実務のことはナンバー2のIさんに任せる。営業についての管理や指導はIさんがすればいい。私はIさんを含めた部下の能力を最大限発揮できるように環境を整え、全体を見ながら仕事をすることが自分の役目だと分かったんです。そうなったとき、仕事のできるIさんは脅威などではなく、何とも心強い右腕になりました」

ナンバー2と張り合うのではなく、最大限に頼る。その支援をする。それが見えてきたときに、営業の成果も上がるようになったと言います。管理職としてあなたがやるべきことは、こういうことなのです。

もう一つのケースも紹介しましょう。Jさんもあなたと同じような経験をしました。ただしあなたとは逆に営業職から事務職を束ねる立場になりました。管理職として経営からは事務の効率化を求められました。

その際は、Jさんは現場主義を貫きました。事務の現場で「困っていることはないか」と徹底的にヒアリングしたそうです。

「単に『事務を効率化しましょう』と上から言うだけでは、『こんなに忙しいのにできません』と反感を持たれ、うまくいきません。でも、ヒアリングして一緒に見直したり、交通整理したりすることで課題の解決のヒントが見えてくる。すると相手にも余裕ができて提案や支援を受け入れてもらえることに気づきました」

相手の状況に耳を傾けること、そして指導よりも支援するのが管理職として大事なことだと気づいたとJさんは言います。管理職は人を動かすのが仕事。部下が意欲高く働けるように環境を整える、支援するというのがお役目。この管理職のセオリーを押さえておけば、新しい部署でも新しいメンバーとでも、管理職としての職責が果たせるのではないでしょうか。

やってみよう！

有能な部下には仕事を任せる どんどん頼ってみること

お悩み
11

周りを巻き込んで事業を進めたい

新規事業をするにあたり、他の部署の協力を仰いだところ、向こうのK課長から「それがうちにとってどんなメリットがあるのか」の一点ばりで交渉がはかどらず、ムッとしました。女性課長だからなめられているのでしょうか。

管理職になれば、その部署の代表として他の部署と交渉したり、経営幹部にプレゼンしたりということも仕事の一つになります。担当する事業を推進するため、上層部や横の組織を巻き込んでいく場面も出てきます。

一番大切なのはあなたがその事業を推進するときの情熱です。この事業がいかに会社のミッションやビジョンと合っているかを説明し、私は本気でこの事業にかけているというパッションを示すことが肝要です。会社の売り上げと利益に貢献するということはもちろんですが、マクロ的な視点で社会へのインパクトや社会課題への寄与も語れればなおよいでしょう。どこかで聞いたことがあるような、借りてきた言葉に人は反応しません。血肉のこもった、あなたのリアルな言葉と情熱に人は心を動かされるのです。

そして、ほかの部署との交渉のときに心がけたいのは、その部署にとってどんなメリットがあるかを提示することです。「ウチの部がこれをしたいから協力してくれないか」だけでは話が進みません。交渉相手の部署も経営から売り上げ、利益などの目標を与えられています。そこに自分の提案した案件がどのように貢献できるのか、ということを明らかにする必要があるのです。

あなたはK課長が「うちの課にどんなメリットがあるのか」ばかり聞いてきてムッとした言いますが、でもそれは当然でしょう。「ギブ&テイク」という視点を忘れずに、話を組み立てて持っていきましょう。K課長はあなたの協力依頼を受け入れたら、今度は自分の課のメンバーに説明して、納得してもらわないといけません。その材料が欲しいのです。相手の負荷をできるだけ軽減するように心がけましょう。

その際、K課長が一番メリットを感じるのが、自分の予算の売り上げと利益に何らかの形で貢献してもらうことですが、新規事業の場合、数字の確実な裏付けがあるとも限りません。定量的なものが難しい場合は、定性的なメリットを提示するといいでしょう。

「この事業に協力してもらうことでK課長の部下には、デジタル領域の知見が蓄積されます」「会社の中期経営計画でデジタル戦略が非常に重要視されていますが、K課長もその推進を担うことができます。デジタル担当役員にもその功績が認められるでしょう」などなど。

つまり、もうお分かりですね。男性管理職の大いなる関心事は、自分の昇進です。課長なら部長になりたい。部長なら本部長になりたい。本部長なら役員になりたいと思っています。出世が男性を突き動かす大きなドライブになるのです。

提案をのんでくれたら、事業に協力してくれたら、あなたの昇進に寄与できるかもしれません。役員に覚えがめでたくなるかもしれません――。これを感じさせるのです。

人を巻き込み、動かすには、その人が大事にしているコア・ビリーフ（信念や価値観）を知ること。もちろん、それは昇進だけはありません。創業者の理念という人も社会正義という人もいるでしょう。人を動かすために、交渉する相手のコア・ビリーフや関心事は何かという情報取集は怠らないようにします。

「定量と定性」だけでなく、「現在と将来」という2軸でも考えましょう。「今期の貢献度は知見の蓄積だが、次年度には新規事業を立ち上げるので売り上げ創出に貢献できる」というように。様々な角度からメリットを提示して協力を仰ぎます。

また、今後あなたが経営会議等でプレゼンするという場面があるでしょう。そういうときに重要なのは「根回し」です。この言葉も「出世」と同じくらい女性に不人気なのですが、これは外せません。

根回しとは、会議に先立って出席予定者に事前に時間を取ってもらい、自分がプレゼンする内容を説明し、それに対してフィードバックしてもらうことです。

男性が一番嫌なのは「オレは聞いていない」という状態になることですから、それを避けるためにも根回しは必須です。事前に共有し意見をもらい、会議のときにあなたに賛成してくれる人を増やしましょう。

そしてプレゼン内容については練りに練ること。数字の裏付けの間違いはないか。ストーリーに整合性は取れているかなどをチェックし、準備をしましょう。

経営会議の参加者はたぶんほとんど男性ですね。それだけで女性はより多くのプレッシャーを感じてしまいます(「トークン」としてのプレッシャーですね)。ですから入念な準備が必要なのです。

やってみよう!

男性管理職を巻き込むには具体的なメリットを提示すること

お悩み 12

職場のハラスメントが心配

管理職としてハラスメント問題には日頃から気をつけていますが、何がハラスメントに当たるのか正直迷うときもあります。部下を強く注意しただけで、パワハラと思われないかと躊躇するときもあり、仕事がやりにくかったりします。

管理職としてハラスメント問題を考えるとき、2つの局面があります。管理職として部下にハラスメントをしていないかという点と、自分が上司や部下からハラスメントを受けた場合どうしたらよいかということです。

まず、部下に対しては、自分の言動や振る舞いがハラスメントに当たらないか注意してください。

職場におけるセクシュアルハラスメントとは、職場において、労働者の意に反する性的な言動が行われ、それを拒否・抵抗したことで解雇、降格、減給などの不利益を受けること（対価型セクシュアルハラスメント）と、性的な言動が行われ職場の環境が不快なものとなったため、労働者の能力の発揮に大きな悪影響が生じるなど働くうえで見過ごすことができない支障が生じること（環境型セクシュアルハラスメント）を指します。

男性も女性も、行為者にも被害者にもなり得て、異性に対するものだけでなく、同性に対するものも該当します。あなたが「自分は女性上司だからセクハラの行為者にならない」と思っているとしたら、それは甘いでしょう。

例えば、女性部下にはプライベートな質問をしないように気をつけているのに、独身の男性部下には気軽に「結婚はまだなの?」「彼女はいるの?」と聞いていませんか。その質問自体を部下が不快に思うかもしれませんし、異性が恋愛対象でない場合、苦痛に思うこともあり得ます。セクシュアルマイノリティーの方々への配慮も必要な時代です。

「男性なのに根性がない」「男なのに泣くなんて信じられない」という言動もセクハラに該当する可能性があります。

また、妊娠・出産・育休・介護休暇等に関するハラスメントにも留意しましょう。男性部下の育休の申し出に対し、あなたが「男のくせに育休を取るなんて、今後昇進はないと思って」と言った場合、典型的なハラスメントの事例となります。女性管理職の場合、男性に対してより細心の注意を払ったほうがよいと私は思います。

職務上の地位など職場内の優位性を背景に、精神的・身体的苦痛を与えたり、職場環境を悪化させるパワーハラスメントには、暴行やひどい暴言のほかに、仲間外れ、無視、私的なことに過度に立ち入ること、業務上遂行不可能なことを強制したり、能力や経験とかけ離れた程度の低い仕事を命じたりすることも含まれます。

管理職としてハラスメントの行為者にならないことはもちろんですが、あなたの部下が行為者にならないように注意と指導も必要です。ハラスメントが発生しないような風通しのよい明るい職場作りを心がけましょう。

万が一ハラスメントが起こってしまった場合は適切な対応をすることが求められ

ます。上長に報告したり、人事部や会社の担当部署などに相談したりしましょう。部下からの被害相談に対して軽視したりスルーしたりすることは厳禁です。「見ないふり」「なかったこと」は決してしないようにしましょう。当該社員の離職や裁判に訴えられることにつながる可能性もあります。管理職に責任追及が及ぶこともあるため、注意して相談に当たらなければいけません。

なお、パワハラというと、行為者が上司で被害者が部下と思われがちですが、その逆もあり得ます。中間管理職は、上司と部下にはさまれた苦しい立場。上司からは業務上遂行が難しい仕事を命じられたり、部下から挨拶しても一斉に無視されたり悪口を言われたりする「逆パワハラ」を受けている場合もあるわけです。

逆パワハラもパワハラの一種です。あなたが部下からのパワハラ被害に遭ったなら、上長に報告したり、会社に相談室があれば相談したりしたほうがいいでしょう。「逆パワハラ」を受けても上長に報告するのをためらう人がいます。自分の部下マネジメント能力を疑われ、評価が下がるかもしれないと考えるからです。管理職は孤独になりがちです。一人で我慢せずに、人の助けを求めることが大切です。

やってみよう！

コミュニケーションを活発にして明るい風通しのいい職場作りを心掛ける

第5章

女性管理職お悩み相談室（家庭編）
～仕事と私生活を
上手に両立させるために

お悩み 1

子供を産む時期をどうするか

結婚して5年たち、そろそろ子供をつくろうかと夫と話していた矢先に、上司から「君を自分の後継者として考えている」と言われて慌てました。管理職になったら出産は無理かも……。もっと早く子供を産めばよかったと後悔しています。

女性にとって出産は人生の一大事。妊娠・出産、そして産休・育休と、仕事のペースを落としたり、一定期間仕事から離れざるを得なかったりするときがきます。子供を望む場合、あなたのようにいつ産んだらいいのかとそのタイミングに悩む女性は多いのです。私が「日経ウーマン」編集長のときも、「早産み vs 遅産み、どちらがいい?」など出産やそのタイミングをテーマにした特集を何度も組みました。

女性の登用が進んだ今は、「管理職になったら子供を産むのは無理？」「管理職だと産休は取れないのでは？」という悩みも聞こえてきます。または、「産むタイミングを計っていたら、30代半ばになり、そろそろ妊活をと思っていたら昇進してしまった」と言う人もいます。

私自身は、26歳と29歳で出産し、20代で産み終えたいわゆる「早産み派」ですが、これは全く想定外のことでした。特に最初の妊娠は、「日経ウーマン」創刊時と重なり、妊娠が分かったときは、「（子供には申し訳ないですが）どうしよう、日経ウーマンが創刊したばかりで頑張らないといけない時期なのに……」と不安になりました。やりがいのある仕事をさせてもらっているのに、会社に申し訳ない、自分のキャリアもここで終わりかとも思いました。

しかし、結果として、キャリアは終わりませんでした。妊娠・出産・子育てで一時期ペースダウンしたものの、その後いくらでもリカバリーできることが分かりました（第6章参照）。44歳で編集長になったとき、子供は高校生と中学生。比較的手がかからなくなっていたので、管理職として仕事に注力することができました。

そのときは結果論ではありますが、「早く産んでよかった」と思いました。50代では親業はほぼ卒業していたので、大学院進学など、自分がしたいと思うことに時間とお金を使うことができました。

また、私が日経ウーマン編集長だったときは部下のほとんどが女性でしたが、彼女たちには未婚・既婚にかかわらず、「子供を欲しいと思ったときが産み時だよ。仕事のことは気にしなくていいからね」と伝えていました（その言葉が効いたかどうか分かりませんが、後に、次々と部下のおめでたが続きました）。なぜなら、子供が欲しいと思っていてもなかなかすぐには授からないものだからです。

私の知人の中には、若い頃仕事に夢中で出産のタイミングを逃し、不妊治療をしたものの子供を授からなかった方がいます。彼女たちの苦しみ、悲しみを伺っていると、「子供はすぐに授かるもの」という考えは間違っているのではとも思いました。逆に、20代で結婚後なかなか妊娠しなかったために30代前半で不妊治療を始め、30代後半で子供を授かり、その後管理職に昇進した人もいます。また、子供が授からず、里親という道を選んだ人もいます。

子供は持つのも持たないのも個人の自由です。ただし、望むのであれば、早めにパートナーとも話し合って対応を始めたほうがよいのではないかと私は思います。「妊娠すると会社に迷惑をかける」とか「キャリアが中断される」ということは、考えなくていいと思います。会社に貢献できるときはきっとくるし、もし仮にキャリアが中断されたとしても再スタートして構築すればよいだけの話です。

あなたは「管理職だから出産できない」「産休で会社を離れるのは無理かも」と思っているかもしれませんが、決してそんなことはありません。管理職となったあなたが休みの間、職場のナンバー2の部下があなたの職務を代行してくれます。あなたは自宅にいながら、相談に乗ることもできるし支援もできます。ナンバー2が成長するチャンスでもあります。休業復帰後は、あなたの強い右腕となり、あなたの仕事は楽になるでしょう。

30代半ばでそろそろ妊活をしようと思っていた矢先に昇進したのであれば、すぐに妊活に取りかかったほうがいいと私は思います。不妊治療が必要な場合もあり得ますから。

出産のタイミングはまさにその人次第。私自身は「早く産んでよかった」と思いますが、会社で実績を積み、精神的にゆとりが出てきたときに子育てができてよかったという「遅産み派」の人もいます。つまり、あなたが望めばいつ子供を産んでもよいのです。あなたが子供を産んだときが、最高で最適なタイミングなのです。「案ずるより産むがやすし」が、正解です。

やってみよう！

仕事もキャリアも考えなくてもいい
あなたが望んだときこそ最高のタイミング

お悩み 2

子供が小さいうちは管理職は無理？

会社が女性管理職を増やそうとしているらしく、私までその候補者となり、研修などを受けています。しかし、まだ子供が小さく病気がちで会社を休むこともしばしば。管理職という重責を担うことは無理ではないかと思っています。

あなたが悩むのは、「育児は母親がするもの」と思っているからではないでしょうか。この思い込みは一刻も早く捨てたほうがいいと思います。家事育児を全部引き受けて、さらに管理職としての重責を果たすのはスーパーウーマンでもない限り土台無理な話です。また、どんなに仕事の環境が整っていたとしても、女性にこの思い込みがある限り、職業人と母親、2つの役割のはざまで女性は悩み続けます。

逆に、性別役割分業から自分を解き放ち、「男も女も、仕事も育児も」に舵を取れば、女性の葛藤は減少するでしょう。私が取材した多くの子供のいる女性管理職は、この思い込みからある程度自由でした。あるメーカーの女性役員はこう言います。

「家事や育児を女性がしなくてはいけないと思うのは日本人だけ。育児との両立が女性だけのテーマになること自体おかしいですよ。父親の育児参加は当然です。私だけの子供ではないのですから」

この言葉、スカッとしませんか？ 私は深く同意しました。

まず、あなた自身の中に「家事・育児は女性がやるもの、すべきもの」、さらには「子供を持ったらキャリアはあきらめるもの」との思い込みがあれば、それを捨ててください。また、「家事・育児は全部自分が引き受けて、夫には迷惑をかけない」という考えもやめましょう。一見、良妻のように見えますが、あなたのその考えが、夫の家事・育児の参画の機会を奪っていることに気づいてください。「私が全部育児を引き受けるからあなたは稼いできてね」という女性側の隠されたメッセージは、「育休取得意向が8割」という高い育児参画意向を持つ、今の若い男性にはプレッシャーとなります。

あなたは、24時間、365日子育てを引き受ける「ワンオペ育児」を脱して、いろいろな人の支援や協力を組み合わせて育児に当たる、いわゆるマルチオペレーション型の「マルオペ育児」を目指しましょう。パートナーである夫は当然のこととして、保育園、地域のママ友、パパ友、ときには実家や夫の両親、はたまた自分の兄弟・姉妹まで巻き込んで、緩やかな育児支援体制を構築するのです。保育園の送迎は誰がするのか、子供が急に熱を出したときはどうするか、様々な場面をシミュレーションして、リソースを組み合わせて、万全の体制を組んでください。

私自身は、夫婦とも東北出身で東京に実家もなく親戚もいませんでした。2人ともマスコミで働いていたため、定時退社できる状態ではありませんでしたので、当然、夫婦のシェアだけでは足りずに、「保育園＋二重保育のベビーシッター」体制を組みました。週5日、ベビーシッターさんが子供たちを預けている認可保育園にお迎えに行き、その方のお宅で夕食とお風呂をいただき、夜10時までに夫か私が迎えに行く体制を作ったのです。夜10時のお迎えは遅すぎると思いますか。働き方改革の進んだ今から見ると信じられない話ですが、しかし、不規則な仕事で退社時間の予定が立たないため、当時はそうせざるを得ませんでした。

二重保育のベビーシッター探しは、当初はベビーシッター会社に「同じ人を週5日派遣してほしい」とお願いしたのですが、連絡したすべての会社に断られてしまいました。それで窮余の策で、長男の育休中に「生後9カ月の元気な男の子の赤ちゃんがいます。二重保育のシッターさんを探しています」という手書きのビラを200枚近所にポスティングして、ようやく一人の女性の申し出があり、それで育休から復帰できました。その後は、通っていた保育園のパート勤務の先生に引き継いでいただき、何とか私は働き続けることができたのです。

あなたのお子さんもまだ小さくて病気がちなのですね。子供が病気のときどうするか。それが一番の課題だと思います。私の場合、夫か私、どちらかが会社を休みます。はしかなど長期に保育園を休まなければいけないときは、助っ人として、故郷の秋田から母親に来てもらったこともありました。子供が病気のときが一番大変だと先輩ワーママから聞いていたので、育休中、近所に住む会社の上司の奥様や1

カ月検診で自宅に回ってきた保健師の方などに、「子供が病気になったときに預けたい」とお願いし了承していただいたのですが、お願いするまでに至りませんでした。子供の病気より優先される仕事というのは想定したよりもずっと少なかったのです。夫と2人で仕事を調整して何とかなりました。

あなたが、夫に育児の協力を仰ぎ、ワンオペ育児を脱することができれば、子供が小さいうちに管理職になることも無理ではないと私は思います。

やってみよう！

「育児は母親がするもの」という思い込みは捨て「ワンオペ」から「マルオペ」を目指すべし

お悩み 3

夫が家事や育児に協力してくれない

夫が育児に協力してくれないことに不満があります。男性は結婚しても子供を持っても働き方は変わらないのに、女性だけがなぜ変わらなければいけないのでしょう。子供はかわいい、でも思いっきり働きたいと思うのはわがままですか。

最初から女性のことをよく理解して、家事や育児にも積極的という理想的なパートナーはいないと思ったほうがよいでしょう。私が取材したワーママたちも、「夫が最初から育児に積極的だった」とか「私が言わなくてもどんどんやってくれた」人はレアケースです。育児に協力的でない夫に腹を立てて、「これ以上協力しないのなら別れる」と離婚をちらつかせたり、時には泣いたり、怒ったり、褒めたり、なだめすかしたりしながら、夫を育児に巻き込んでいった女性のほうが多いです。

一番大切なのは、あなたの仕事への情熱を夫に分かってもらうことだと思います。「夫は私の気持ちに無理解・無頓着」くらいに思って、丁寧に話したほうがよいでしょう。夫は、あなたが会社でどんな仕事をしているか知っていますか。現在どんな役職で会社に期待されている人材だということを理解しているでしょうか。

あなたと同じように、小さな子供を持ちながら流通業で働いているSさんのケースをご紹介しましょう。Sさんはある日、会社で実施されたワーママ対象の研修に参加しました。そこでは、参加している女性たちに女性取締役がこう語ったそうです。「流通業界はお客様の多くが女性。お客様のニーズを的確にとらえるためにも、みなさんが活躍することがとても重要です。会社はみなさんに期待しています。あなたが会社から期待されている人材だということをご主人にも必ず伝えてくださいね」

その言葉通り、Sさんが夫に伝えたら、その反応は意外なものだったそうです。「夫がえらく話にクイついてきたんですよね。君がそんなに会社に期待されている人材だとはボクは知らなかった、だったら、ボクも育児するよと言ってくれて、子育てに協力してくれるようになったのです」

夫の会社でも「働き方改革」が進んでおり、それから、夫は、ノー残業デーなどを活用して保育園に子供をお迎えに行ってくれるようになったそうです。

通信業界で働いているUさんのケースはもっと差し迫っていました。育休復帰後、時短勤務で働いていたUさんですが、もともと仕事が大好き。時間制約があって仕事が中途半端にしかできないことにとてもじくじたる思いがあったそうです。かたや夫は同じ会社の営業職で、パパになった今も独身時代と同じようにバリバリ働いて成績も常にトップクラスです。Uさんは思いました。なんで夫は子供を持っても前と同じなのに、自分だけこんなに変わらなきゃいけないの？ なんでこんなに理不尽で不自由なの？と。あなたも同じ思いを抱いているようですね。

ある夜、子供を寝かしつけた後に、夫が酔っぱらって帰ってきて、Uさんはそこでぶち切れました。思わず泣き叫びました。「私だって思いっきり仕事をしたい！なんでそれができないの？ あなたも育児をしなさいよ！」。

夫は初めて見るUさんの剣幕にあっけに取られていましたが、Uさんがこんなにまで仕事に情熱を持っていることも、育児との葛藤に苦しんでいることも分からなかったと言います。そこまで追いつめてしまったことを反省した夫は、営業部から人事部に異動願いを出し、現在は女性活躍推進の担当をしているそうです。

この2つのケースから分かることは、夫は、妻の会社での状況や気持ちは実はなかなか分からない。でも、それを理解してくれると意識と行動を変えてくれるということです。

あなたは何も言わずとも夫に察してほしいと思うかもしれませんが、それはどうも無理なようです。あなたから進んでコミュニケーションを取り、夫の変化・進化を促しましょう。妻が自分と同じように仕事に情熱を持っている。しかも自分と同じように昇進を期待される人材であると分かれば、きっと夫はあなたに協力してくれるでしょう。

もし、それでも渋い顔をするのであれば、具体的に夫にやってほしいタスクを明確にして提示してください。仕事と同じように依頼して、交渉するのです。さらに、夫の協力でいかに自分は助かるのか、子供たちは喜ぶかを伝えてください。

「あなたの会社は、毎週水曜日はノー残業デーで、プレミアムフライデーもあるよね。月に5日、あなたが保育園に迎えに行ってくれない？ 子供たちもパパが迎えに来ると喜ぶし、私も助かるの」

夫に信頼して任せたら細かいことは言わないこと。やってくれたら、「ありがとう」と感謝を伝えること。そして少しずつ夫に任せる範囲を広げていきましょう。

やってみよう！

夫は妻への理解が足りないことが多い
あなたの仕事への情熱をぶつけよう

お悩み4

母親が働いていると子供はグレる？

子供の非行のニュースを聞くたびに、ウチの子はまだ小さいのですが、今後、大丈夫だろうかと心配してしまいます。「母親が働いていると子供が愛情不足になってグレてしまう」というような話も気になっています。

あなたのように、母親が働いていると子供が非行に走るのでは、と心配するワーママも多いですね。でも、そんなことはないと思います。子供が小さいうちから心配しなくていいのではないでしょうか。働くお母さんに必要なのは「私が働いているることで子供に悪い影響を与えている」「私が働いていて子供に申し訳ない」という罪悪感を捨てることだと思います。罪悪感こそ曲者です。

とはいえ、私もこの感情には長く苦しめられました。「お母さんが働いているから、寂しい思いをさせてごめんね」と子供たちに罪悪感を持っていました。葛藤がありました。しかし、ある日ふと考えたのです。果たして、夫はそんなことを思っているのだろうか、と。「お父さんが働いているから、寂しい思いをさせて申し訳ない」と。夫がそんなことを思うわけはないですよね。

そのときに、自分自身が、「よい母親でなければいけない」という強い思い込みにとらわれていることに気づきました。普段は感じていなくても、心の奥底では、「夜10時まで小さな子供を預けるなんて悪い母親だ」「子供たちのことをちゃんと育てられないダメな母親だ」と自分を責めていることが分かったんですね。誰も私のことを責めていないのに、自分が自分自身に罵詈雑言を浴びせていました。その構図が見えてきたときに、葛藤の正体が分かったような気がしました。

まだ子供たちが小学生の頃、取材で会った児童心理の専門家に「子供と一緒にいられる時間が短くて心配なのですが……」と個人的な悩みを相談したことがあります。その専門家は私の質問にこう答えてくれました。

「子供の発達は、単に母親が働いているかどうかだけでは差が見られません」

開口一番こう話してくれたことにホッとしました。

「働く意義をお母さん自身が自覚していて、家族がそれを理解して協力することが必要です。お母さんの愛情ももちろん大切ですが、それればかりではなく、お父さん、おじいちゃん、おばあちゃん、親戚や近所の人、保育園の先生など、いろいろなたくさんの人から愛されて育つことが子供には必要なんです。心から子供を愛おしく思っている温かい人に包まれてこそ、子供は健やかに育つことができます。たとえお母さんと一緒の時間が短くても、子供には『メシ・フロ・ネル』があればいいんです。おいしい食事、体をきれいに保つお風呂、安心して眠れるお布団を用意できればよいのですよ」

この言葉は、子育てするうえで支えになりました。

また、ある女性役員は、子育て期に仕事の関係で1カ月のうち20日間は日本に不在だったそうです。つまり月10日しか日本にいない状況で子供を育てなければならずに悩んでいたのですが、「人の3分の1しか子供と一緒にいられないのであれば、人の3倍ハグをすればいい」という保育園の先生の言葉に救われたそうです。この言葉で納得し、それから罪悪感や悩みもなくなったと話してくれました。

罪悪感を捨てることは、母親業を軽視することではありません。自分を自分で苦しめることをやめましょうと言いたいのです。育児の過程ではいじめや子供同士のいさかいもあり、疾風怒濤の思春期では、「非行」と思えるような行動を子供がすることもあります。それこそ育児は予想不能なもの。先回りして心配するより、そのときそのときで子供の声に耳を傾け、全力で当たるしかないなと思います。

さて、息子が中学生くらいのときに「保育園に親が迎えに行かなくて寂しかったか」と聞きました。そうすると、「保育園で最後までいるのは心細かったし、待っていてもお母さんではなくベビーシッターの先生が迎えに来るのが寂しかった」と答えました。これを聞いて「やっぱり寂しい思いをさせて悪かったな」と思いましたが、次に彼はこう答えたのです。「でも、ベビーシッターの先生のお宅には大きいお兄ちゃんとお姉ちゃんがいて、一緒に遊んでくれたからいいこともいっぱいあったよ」と。

寂しいことも乗り越えて子供は成長する、子供は強いなと思いました。

また、こうも思いました。自分の命より大切な子供を人様に預けてまで仕事をするんだから、「やらされ仕事」や「こなし仕事」じゃ恥ずかしい。子供に胸を張って「お母さんはこういう仕事をしているんだよ」と言える誇れる仕事がしたいなと。子供のけなげで強い言葉を聞いて、一層、仕事への矜持を持ちました。

やってみよう!

「申し訳ない」との罪悪感は捨てる
時間の長さでなく濃さで子育てしよう

お悩み

5

夫より先に出世し、夫が卑屈に

夫とは別の会社なのですが、先に私の方が管理職に昇進してしまい、彼があまり面白くない様子です。「君は優秀だからな、昇進してよかったんじゃない」とは言ってくれますが……。この微妙な夫婦間の空気を変えたいです。

異業種交流会における男性と女性の大きな違いは、親密になるまでの時間です。女性の場合、名刺交換もそこそこに30分もすると、「本当に今日初めて会った人たちなの？」と思うくらい話が弾んでにぎやかになります。

かたや男性の場合はそうではありません。まず名刺を交換して、相手の会社名、部署名、そして肩書を確認します。「ああ、この会社は業界1位の……」とか「ウチの会社のほうが規模が大きいな」とか「お、若く見えるのに、この会社で部長とはすごいな」とか「オレのほうが役職が上だ（または下だ）」と確認してからおもむろに話を始めることが多いようです。

つまり、会社名、職位などで自分が優位に立てるかという格付けをする「マウンティング行為」がそこに見られるように思います。小さい頃からタテ社会に生きてきた男性は、会社、職位、給料など、分かりやすい差異に敏感です。

一方女性の場合は、男性とは違い、自分の容姿やスタイル、男性からのモテ具合、夫や恋人の会社、仕事で格付けしがちです（子供がいれば、子供の成績や学校が加わります）。

つまり、女性はお互いの会社や職位にそんなに関心はありませんが、男性は違うということです。会社や職位において相手よりも優位に立ちたいという意向が強いのです。

さて、女性登用が進むと、夫よりも先に昇進した女性が出てくるのも必然です。それを素直に喜んでくれる夫ならまだしも、〝マウンティング夫〟だった場合、「自分より先に出世しやがって……」と卑屈になるケースも出てきます。

同じ会社の場合は、「なぜ昇進できたか」という理由が夫にも分かるため、そんなに波風は立たないと言います。「妻の上司は社長も認める実力者だから、あのラインは出世が早いんだよな」とか、「女性活躍の波がきているから妻も昇進できたようだ」とか、自分が納得しやすい理由付けをするんですね。社内事情も知っていて、昇進に伴う責務の大きさや苦労も分かるために、大変だなと同情することもありますし、「妻にはもっと出世してもらってお金を稼いでもらってオレはゆっくりするかな……」と早期退職を考え始める場合もあります。一方、同じ会社の場合、妻が昇進すると、夫が辞める（転職したり起業したりする）ケースもあります。

面倒なのはあなたのように会社が違う場合です。妻の役職が自分より上、年収も自分よりも多くなり、夫が面白くないと感じているケースです。

夫は「昇進おめでとう」と口では言ってくれますが、何か敗北感を感じているようで、表情が暗い。夫は自分の仕事に対してもやる気を失っているように見えて、家庭内で仕事の話もできないし、何より自分自身が昇進を素直に喜べなくなっている……という状態です。

この場合は、妻より役職や年収が低くなった自分に対して、夫自身が価値が低くなった（またはなくなった）と思っているのではないでしょうか。「キャリア・プラトー」に近いのかもしれません。それに対して、あなたは夫に、「あなたは価値がある（または価値は変わらない）」というプレゼンテーションをする必要があります。男性はプライドが高いゆえに傷つきやすいもの。それをパートナーであるあなたがリカバリーしないと誰もそれをやってくれません。

「私が昇進できたのは、あなたが家事や育児を手伝ってくれたからこそ。あなたに感謝しているわ。ありがとうございます」という感謝の言葉を伝えましょう。

誕生日や結婚記念日などイベントがあれば、感謝の気持ちを込めて夫が欲しがっているものをプレゼントするのもいいかもしれません。夫が行きたかった場所に夫婦で記念に旅行するのもよいでしょう。妻の年収が上がるということは世帯年収が上がること、夫婦の資産が増えることでもあります。妻の昇進が自分にとってもメリットがあるということを分かってもらう機会を作りましょう。

さて、昇進したということはあなたの仕事が乗っている証拠でもあります。そうなると仕事ばかりに関心がいき、前より夫に興味がなくなることもあります。それがもっと進むと夫をないがしろにしたり、さらには、「昇進もしないなんて情けない」なんて蔑みが生まれたりすることもあります。自分が〝マウンティング夫〟ならぬ〝マウンティング妻〟にならないように気をつけてください。

やってみよう！

「昇進はあなたのおかげ」と感謝を伝えて夫のメリットを分かってもらう

お悩み

6

私の昇進を夫の母親が喜ばない

私が昇進して管理職になったことを夫は喜んでくれて一安心なのですが、夫の母の機嫌がよくありません。夫よりも先に昇進したことに複雑な感情があるようです。義母には育児の支援もしてもらい、よい関係を続けたいのですが……。

あなたのように夫が自分の昇進を喜んでくれていても、夫の母親が複雑な感情を持っている場合もあります。特に近所に住んでいて子供が小さいときに何かと面倒を見てくれたという場合が多いかもしれません。

一例を見てみましょう。夫より先に昇進したDさんは、外資系の営業職としてバリバリ働いています。対して夫のEさんはスローキャリア派。仕事よりも育児や趣味の音楽鑑賞が好きなEさんは、率先して家事や育児をDさんとシェアしてきました。保育園の保護者会の役員も務め、地域でのパパコミュニティーでも中心的な人物です。Eさんの両親は近くに住んでいて、夫婦どちらも仕事で都合がつかないときは、Eさんの母親に育児を助けてもらっていました。

子供が小さい頃は、保育園の送迎も夫婦でシェアしていましたが、小学校入学以降はDさんがどんどん昇進していき、子供にも手がかからなくなると、家のことはほぼEさんがやるようになりました。Dさんは夫に悪いと思っていましたが、Eさんは、「家事はやれるほうがやればいい。オレは時間があるからやっているだけ」「出世してよ、お金を稼いできてよ」というスタンスで応援してくれていました。

そんな中、Eさんのお母さんは、息子が家事育児全般をこなしている状況を好ましく思っていませんでした。平日は夜遅く帰宅し、休日も仕事で不在がちのDさんに、「家庭をもっと大事にしたらどうなの」と嫌味を言うこともありました。

しかしDさんは、プレイングマネジャーとして部署の成績も自分の成績も問われる状況で、仕事は手いっぱい、家事まで手が回らない状態でした。Dさんはこのような状況で悩んでいました。

恐らくあなたもDさんと似たような状況に陥っているのではないでしょうか。こうしたケースではまず、義母に対して感謝の意を伝えることが大切でしょう。感謝の気持ちを伝えることは、あらゆる人間関係の改善における有効な手段です。

例えば、何かの折に「お義母《かあ》さんが子供が小さいときに預かってくれたので何とか私も働き続けることができました。こうやって昇進できたのはお義母さんのおかげです。本当にありがとうございました」と伝えてみる。関係が近ければ近いほど「預かってもらっている」ことに慣れ過ぎて、感謝する心が薄れてしまいがちになるものです。

義母との関係が良好な人は、誕生日や敬老の日など機会を見てプレゼントを渡すことを忘れなかったり、また、1時間あたり○○円と決めてベビーシッター料を渡したり（その場合も毎回手書きで感謝のメッセージを添える）、感謝の気持ちを伝えることを怠っていません。

私はワーママの友人に次のような相談をもらったことがあります。「今度ある雑誌の取材を受けることになったの。活躍しているワーママ特集という企画で会社の広報からの依頼なんだけど、取材のとき何か気を付けることはある？」。そのとき、私はひらめきました。彼女も昇進が早い自分に対し義母があまりいい感情を持っていないというあなたと同じような悩みを持っていたのです。

「たぶん、どうやって育児と仕事を両立したかという質問は絶対されると思うから、その際、『お義母さんに協力してもらった。感謝している』と答えてみたらどう？」とアドバイスしたら、効果はてきめんでした。その雑誌を義母に見せたところ、大変喜んでくれて何冊も買って友達に配っていたそうです。

「いつの間にか、お義母さんにとって私は『仕事も頑張る自慢の嫁』になっていたの。感謝を伝えるよい機会となったわ」と彼女は喜んでくれました。

このほか、義母との関係だけでなく、夫との関係を見直すことも大切です。子育てという一大事業を終えたあとに、双方がお互いに関心が薄れていく倦怠期を迎える夫婦も少なくありません。義母は「あなたがもっと家事を分担しなさい」と家事分担の調整を求めているのではなく、「あなたの心は仕事に傾いているので、息子に対して関心を持ってほしい」と伝えたかったのかもしれません。
例えば時間をやりくりして、夫婦で月に1回映画を見に行ったり、共通の趣味であある音楽のライブに行ったりしてみてはどうでしょうか。二人でゆっくり話す時間を持つようにすることを検討してみましょう。

やってみよう！

日頃から義母に感謝の気持ちを伝え、夫とゆっくり話す時間を持ってみよう

お悩み 7

介護と仕事の両立はできる？

遠方に住む80代の母親が最近めっきり弱くなってきました。同じ話を何度も繰り返したりします。先日は、鍋に火をかけているのを忘れていたらしいのです。もうひとり暮らしさせるのは無理なのでしょうか。介護と仕事は両立できますか。

毎年、10万人前後が親などの介護・看護を理由に離職しています。介護で離職する人の性別は女性が7割を超えており、介護が生じると多くは女性が辞めざるを得ない状況となっています。少子化で老いた親を支える兄弟・姉妹は少なく、一人っ子というケースもあるでしょう。一人なら両親2人分、夫婦なら自分と夫の両親計4人分の介護を背負う可能性もあります。

「日経ウーマン」編集長のときは、私の部下は全員自分より若い女性で、育児と仕事の両立が悩みというパターンが多かったのですが、研究所所長になったときは、自分と同年代か年上の男性部下がほとんどで、今度は介護と仕事の両立の難しさを訴える声が多く聞かれました。団塊の世代が後期高齢者に突入すれば、介護との両立に悩む団塊ジュニアが加速度的に増えていくでしょう。

育児はスタート時期が明らかで、先の見通しがつき、しかも年々楽になりますが、介護は逆です。いつ介護が始まるか分かりません。親が倒れて突然要介護に…というパターンも多い。先が見通せず、また、年々親は老いて弱くなっていきます。

育児と比べると仕事と介護との両立は難しい面が多々あるとは思いますが、介護離職だけは何としても避けたいもの。あなた自身だけでなくあなたの部下においても、です。

第一に仕事を辞めてしまうと収入が途絶えるため、経済的な打撃は大きい。第二に自分一人が介護者になると精神的に追い込まれてしまいます。第三に親を看取ったときに再就職しようとしても年齢が壁になってなかなか難しく、再就職できたとしても正社員時代の年収には程遠い額となるでしょう。

だからこそ、介護休暇や介護休業など、介護と仕事を両立させる制度をフル活用して、介護離職は避けるべきなのです。

育児休業は、育児をするための休業ですが、介護休業は介護に専念するための休業ではありません。介護休業は対象となる家族1人に対して通算93日までの休暇しか取得できません。あるデータでは介護を行った期間は平均でも4年以上となっていました。到底、介護休業期間内には終わりません。介護休業は、自分が家で介護をするのではなく、自分が働きながら親を介護する体制を作るための休業なのです。

極論すると、子供であるあなたが直接介護をしなくてもいい体制を、社会資源を見い出し作るための休業なのです。

その場合、大事なのは、「親は子供である自分が介護したほうがいい」「他人や施設に預けるなんて親不孝だ」という思い込みを捨てることです。子供のほとんどは介護のプロではないでしょう。子供が親の介護を一人で抱えると経済的にも精神的にも追い詰められて最悪の場合は、親を虐待してしまうという事態にもなりかねません。

親の介護で子供が担えるのは、質の高い介護サービスを受けられるように手配すること、要介護状態であっても親が安心して暮らせる環境を整えることです。そして、「お父さん、お母さんには私がいるよ」と精神的な支えになることです。

もし親が要介護状態になったなら、問題を一人で抱え込まずに会社に相談しましょう。介護休暇・介護休業制度があることを知らない人もいます。法定より手厚い両立支援制度がある会社もあります。しかし制度を知らないと利用もできません。「個人的なことだから会社に迷惑をかけたくない」「親が認知症になったなんて恥ずかしくて言えない」――。こんな考えが自分を追い込みます。社を支える人材である管理職が介護離職してしまうほうが、会社に迷惑をかけることになります。

介護保険の申請窓口である親の住んでいるエリアの市（区町村）役所や地域包括支援センターに行って相談してみましょう。介護保険の認定申請をして認定されたらケアマネージャーを決めて、ケアマネに親の状態にあったケアプランを立ててもらいます。そのケアプランに基づいて介護サービスが受けられるのです。

自分が40代、親が70代になったら準備を始めたほうがいいかもしれません。前もって介護保険の仕組みを勉強したり、会社の介護支援制度を知っておいたりすると、心強いもの。いざというとき、慌てずに済みます。

そして折を見て、親の意向も確認しましょう。親は「子供に迷惑をかけたくないから要介護になったら施設にでも入るよ」と言いがちですが、それだと大雑把すぎます。要介護期にどのような暮らしをしたいのか。どんなケアがよいのか。自宅で最期まで過ごしたいのではないか。終末医療や延命措置をどこまで望んでいるのか。ぜひ、親の声に耳を傾けてください。

やってみよう!

自分一人で抱え込まないことが大事
いろいろな制度を利用して介護離職を避ける

第6章

私のキャリアの軌跡
～1つのサンプルとして

パート

1

20代～不本意な異動が実はチャンス

最後の章は、1つのサンプルとして自分のこれまでのキャリアの軌跡を紹介しつつ、そこから得た年代別の教訓をお伝えしたいと思います。

「怒り」が志望動機だった

みなさんが現在の会社に入った志望動機は何ですか。私の場合、マスコミ業界を選んだのは「怒り」からでした。「怒り」と言うといささか物騒なのですが、私が社会人になったのは1984年。まだ男女雇用機会均等法もなく、女性に対して様々な理不尽なことがあった時代です。

当時、女性は「クリスマスケーキ」と呼ばれていたのですが、あなたはこの意味が分かりますか。これは女性の年齢をクリスマスケーキに見立てたもので、「24（日）までは価値があるが、25（日）を過ぎたら価値がなくなる」という、若さに女性の価値があることを意味していました。今の20代、30代の女性にそのことを教えると、「そんなことが言われていたなんて信じられない」とびっくりされますが、その手の言葉は当時横行していました。

セクハラという言葉もまだなかった時代です。就職での女性差別は当たり前で、男子学生に求人票が山のように届いても、女子学生には届かず、特に「4大卒・地方出身・アパート暮らし」の女性は不利でした。

女性が男性の補助職で、結婚で会社を辞める寿退社が当たり前であったり、働き続けても処遇の差別があったり、いろいろなところで女性は差別されていました。それに対して、私は怒りを感じていて、「ペンの力でそれを変えたい」「もっと女性が生きやすい、働きやすい社会にしたい」という気持ちで記者という仕事を選びました。

1988年、私が入社して4年目の26歳のとき、「日経ウーマン」は創刊されました。日本で初めての働く女性のための雑誌です。まさに自分が作りたいと思っていた雑誌の創刊に携わることができて、やりがいを感じて働いていました。

これまで女性誌の定番であったファッションや美容、料理ではなく、仕事とキャリアを核に据えた前例のない女性誌のため、試行錯誤の状態でしたが、創刊号は大きな反響を呼びました。全国の読者からたくさんの手紙が編集部に届き、達成感と大きな高揚感を感じました。

「不本意な異動」に号泣した夜

ただ、私は20代のときに2回、日経ウーマン編集部から異動しています。どちらの異動も子供の妊娠がきっかけでした。

26歳で最初の妊娠をしたとき、それを当時の編集長に告げると、すぐに主婦向けの月刊誌の編集部に異動になりました。やりがいを持って働いていた日経ウーマンから離れるのは寂しかったのですが、「母親になるので、会社はそちらのほうがいいと判断したのかな」と思いました。しかし、育休から復帰して1年くらいたって、また、日経ウーマン編集部に戻りました。そして、また1年後、2人目を妊娠したと告げるとまた異動となりました。今度は月刊誌の編集部ではなく、クライアントの出版物を制作するカスタム出版部門への異動となりました。

そこで、もう雑誌記者ではなくなりました。「毎月締め切りのある激務の月刊誌編集部よりもこの部署のほうが育児と両立しやすいだろう」との配慮があったかどうかは定かではありませんが、このときはショックを受けました。人事異動の内示が発表になった夜に、自宅に帰って号泣したことをよく覚えています。29歳のときです。

しかし、今、自分の35年間のキャリアを振り返ると、この異動が大きな転機だったことが分かります。なぜかというと、異動した部署でビジネスの基本を学ぶことができたからです。

雑誌記者は「儲かること」を基準にして物事を考えません。日経ウーマンであれば、読者である働く女性にとってそれが役立つものか、伝えるべき内容かを基準にして物事を決めます。もちろん、結果として雑誌がよく売れて儲かるということはあります。しかし、行動の基準がそこではありません。

しかし、カスタム出版部門では違いました。

クライアントのご要望に応じた出版物を作れば、またオーダーがあり、売り上げを増やすことができる。営業と一緒になってクライアントを新規開拓すれば、また売り上げが増える。一方、制作チームが工夫して原価を抑えると、利益が増える。利益率を上げることができる。

このようなビジネスのイロハをこの部門で学びました。また、月刊誌を作って販売するだけでなく、「雑誌作りのノウハウを生かした事業もやっているのか」と、会社の違う一面を知ることができました。

「記者として取材に行くときは、応接室に通されてお茶を振る舞われることは多いけれど、出版物を請け負う業者になると応接室ではなく、パーテーションで仕切られた作業用スペースに通されるんだな」とか、記者時代には経験がなかった接待にも営業と同行し、「このようにしてクライアントさんとの関係を良好にするのか」など、新たな気づきがたくさんありました。新しい世界が広がっていくようで、それが自分にはとても新鮮で面白かったのです。

私は記者という職業が大好きだったので、それを離れる異動には抵抗がありましたが、その新たな部署でいろいろなことを学び、新しい自分に出会いました。そしてそのとき学んだビジネスのイロハが、回り回って編集長になったときに随分と役に立ちました。クライアントを新規開拓することや新規事業を作り出すことなど、様々な局面で参考になりました。今は、あの部署を経験できて本当によかったと感謝しています。

新たな部署で新たな自分の可能性を知る

ここでお伝えしたいのは、人事異動は大きなチャンスになる可能性があるということ。私がそうであったように、想定外の、不本意とも思える異動ほど、自分の可能性を広げてくれるものかもしれません。

その場合、意に沿わないからといってふて腐れていては自分が損をしてしまいます。新しいものをどんどん吸収しよう、新しい世界を見てみようという前向きな気持ちがチャンスを引き寄せます。

「『楽しいことをする』ことは間違いで、『することを楽しむ』ことが正しいのです」

この言葉は、ある有名な僧侶の方を取材したときに伺った言葉です。楽しいことがないかな、どこかにないかなと探すのが間違いで、今、自分のしていることを自分で工夫して面白くする。楽しくするのが人生においての正解だそうです。

まさに、カスタム出版部門時代の自分はそうでした。記者時代の仕事を懐かしむこともなく、目の前にある新しい仕事をとにかくやるしかないと思っていた、「することを楽しむ」派だったと思います。

私は20代のときに、日経ウーマン編集部、主婦向け月刊誌、カスタム出版部門と期せずして3つの違う部署を体験しました。そのたびに自分の新しいスキルや技能が増えていきました。社内ネットワークも広がりました。人事異動はその後の自分のキャリアにとって有益でした。

しかし、これまでの日本の企業では、第2章で述べたように、男性上司の「無意識のバイアス」や思い込みによって、女性は一つの職場に長く留め置かれることが多かったのです。それは、女性のキャリアにおいてはマイナスです。新しい技能の獲得も制限されますし、社内ネットワークも広がりません。あなたという存在を社内のいろいろな人に知っていただく機会が減ってしまいます。

でも今、女性活躍推進の追い風によって企業はどんどん女性を異動させて、女性の経験の幅を広げよう、スキルを深めようとしています。それは、まさに女性にとってチャンス到来だと私は思っています。

そんな中、「配置転換で動かそうとすると女性陣の抵抗に遭う」「特にベテランの女性ほど、今の職場を離れたくない、このままでいいという声が強くて困る」という人事担当者の悩みを聞きます。また、「女性は得意なこと、好きなことはしたがるが、新しいことには抵抗がある」ともいわれています（かつて記者職にこだわった自分もそうでした）。でも、これは、キャリアにおいて実にもったいないことだと思います。「もし、あなたが、今いる職場に長く在籍して同じ仕事を任されていて、プレッシャーもストレスもない状態であれば、それは、その職場を出るサインです。『その職場を出ていきなさい』ということよ」と言った女性役員がいました。いわく、「居心地のいい場所からは出るべき」だと。なぜかというと、同じ仕事をしていては成長することもなく、新しい自分に会えず、新しい自分の可能性を見つけることもできないからです。

人事異動はいつも思いがけないもの。それにまずは乗ってみましょう。そして楽しみましょう。新たな自分と想定外の自分の可能性に出会えるはずです。

パート2

30代～子育て期は焦らず、あきらめない

「バランス期」で「試練期」だった30代

人生100年時代を迎え、働く期間がより長くなっています。人生、山あり、谷あり。もちろんいいことばかりではなく、ピンチや逆境のときもあります。育児、介護、病気など様々なことが起こるでしょう。そのとき肝要なのは、焦らないことです。

日経ウーマンでは、「ウーマン・オブ・ザ・イヤー」の受賞者など、誌面にご登場いただく方に、これまでのキャリアを振り返り、「キャリアチャート」を書いていただくことがあります。横軸が年齢、縦軸がキャリアのハッピー度を表すシート

を使って書いてもらいます（図７）。たくさんの方にこのキャリアチャートを書いていただきましたが、いつも右肩上がりで一本調子という方は一人もいませんでした。よかったときも悪かったときもあり、ジグザグで、少しずつ上がっていく方がほとんどでした。

シートにはキャリアのそれぞれの期間（フェーズ）を「模索期」「絞り込み期」「拡張期」「停滞期」「試練期」「バランス期」「充電期」の７つの中から選んで記入していただきます。キャリアの棚卸しをして、期間ごとに名前を書き込むことによって、これまでのキャリアを俯瞰できるというのが、このチャートの特徴です。

ご参考までに私のキャリアチャートを紹介しておきます（図８）。

私の場合、キャリアを年代に区切って期間名を付けるとすると、20代は「模索期」です。子供が生まれる前は、日経ウーマンの創刊とも重なりましたので、とにかくがむしゃらに働きました。２人の小さな子供を育てていた30代は「バランス期」であり、「試練期」だったのではないかと思います。

図7　キャリアチャートを作って俯瞰する

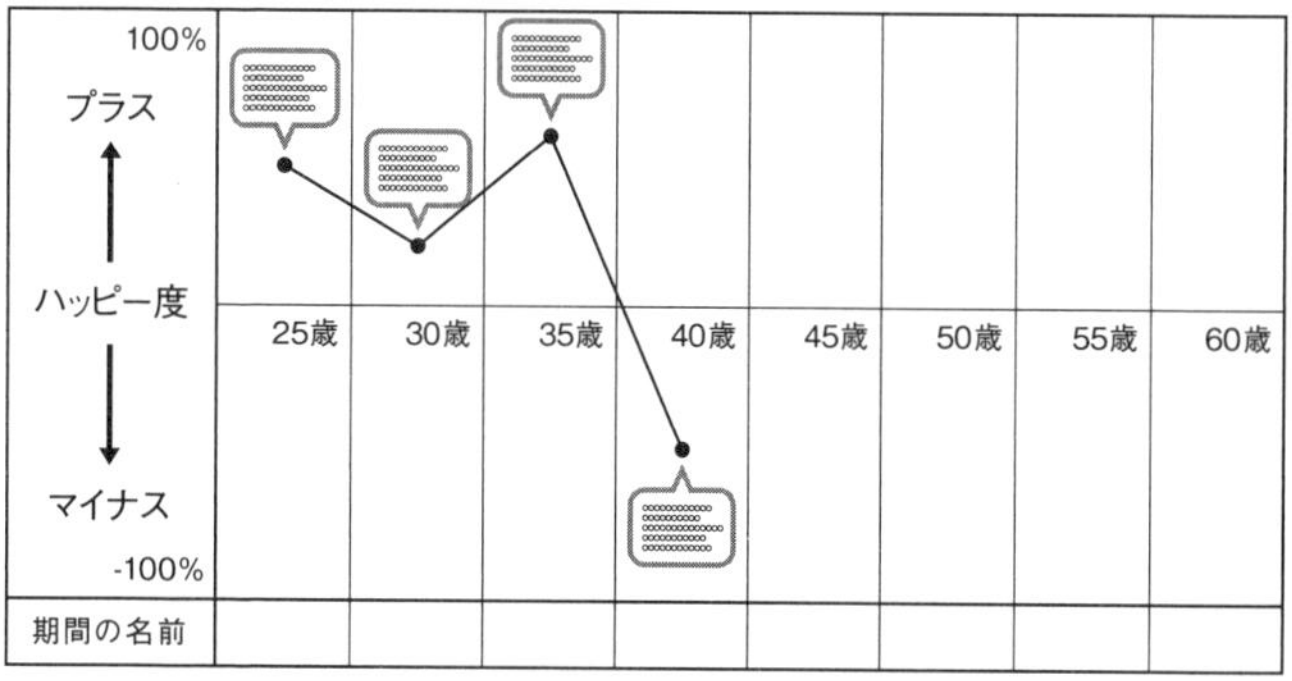

STEP 1

上記のような枠を持つシートをExcelなどを使って印刷する。
※横軸に「年齢」、縦軸に「ハッピー度」（±100%）を取り、その下に「期間名」を記入する枠を作る

STEP 2

ライフイベントや異動・昇進情報などを「ハッピー度」を考えつつシートに記入（例：横軸「22歳」、縦軸「+80%」のところに、「22歳　大学卒業・入社」と書く）。点と点を結んで曲線を作る。最後に「この時期は○○だった」と考え、時期を区切って以下で定義する「期間名」を記入する。

- 模索期：（「がむしゃら」「試行錯誤」という時期）
- 絞り込み期（特定の分野や専門性に絞り込んでいた時期）
- 拡張期（キャリアの幅を広げる、新しいことにチャレンジしていた時期）
- 停滞期（「繰り返し」「マンネリ」というイメージの時期）
- 試練期（「うまくいかないことが続く」「成果が出ずに空回りする」「人間関係などで干される」といった時期）
- バランス期（私生活が充実したり、あるいは私生活関係のウエートが高く、仕事のウエートを低めた時期、専業主婦の時期、出産・育児期など）
- 充電期（「留学」など、主として後のキャリアのためになるインプットの時期）

※各期間の定義は、慶応義塾大学大学院特任教授・高橋俊介さんによるもの

STEP 3

作ったキャリアチャートを眺め、未来のフェーズで取り組みたいこと、どんな期間にしたいかなどを考える。考えがまとまったら「○歳△△を実現」などと仮で書き込んでもいいし、別の紙にやりたいことを書き並べてもいい。

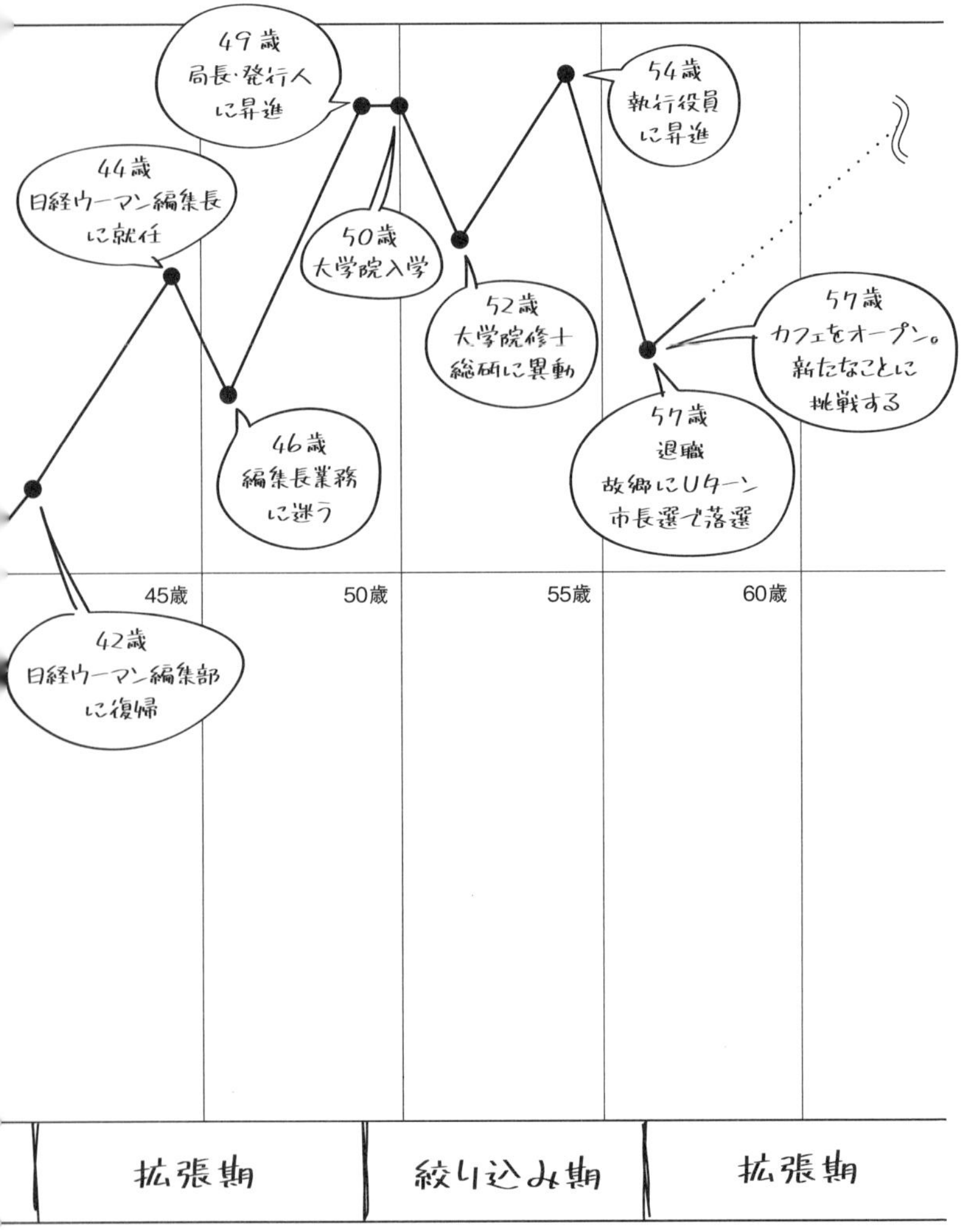

44歳
日経ウーマン編集長
に就任
49歳
局長・発行人
に昇進
50歳
大学院入学
52歳
大学院修士
総研に異動
54歳
執行役員
に昇進
57歳
カフェをオープン。
新たなことに
挑戦する
46歳
編集長業務
に迷う
57歳
退職
故郷にUターン
市長選で落選
45歳
50歳
55歳
60歳
42歳
日経ウーマン編集部
に復帰
拡張期
絞り込み期
拡張期

図 8　筆者のキャリアチャート

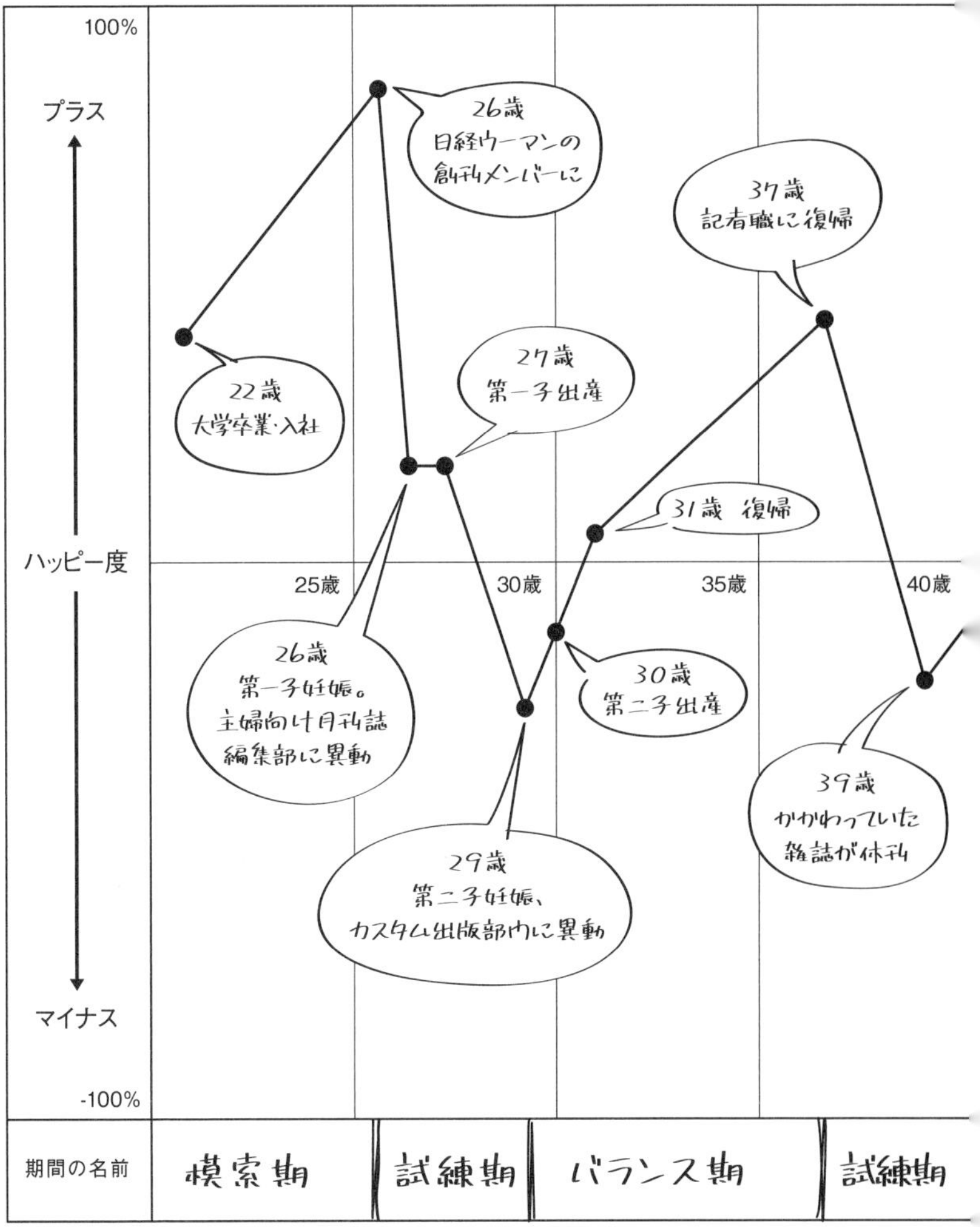

たとえ遅れても、いくらでもリカバリーできる

第5章のパートでご紹介したように、私たち夫婦は東北出身で、東京に実家がなかったために、「保育園＋二重保育のベビーシッター」という体制で何とか乗り切りましたが、毎朝、子供が急に熱を出したらどうしようとドキドキし、そうなった場合、夫と私、どちらが仕事を休むか、どう仕事を調整するかなど悪戦苦闘していました。急に子供が保育園に行けなくなった場合は、私が朝早く出社し超特急で仕事をこなし、また家に戻り夫とバトンタッチして子供を看病し、また夜に夫が仕事から帰ってきたら出社して仕事をする――。そんなこともしばしばありました。まさに綱渡りの毎日でした。

この時期は、職場の人たちに、「子供が病気で仕事を休んですみません」「子供が熱を出して保育園にお迎えに行かなくてはいけないので、早退します。申し訳ありません」と謝ってばかりいました。当時は、母親としても中途半端であり、職業人としてもなかなか成果を出せず、じくじたる思いを持っていました。「母として50点、

職業人として50点、合わせて100点であればいいじゃない」との、ワーママの先輩の言葉が心の支えになっていました。

30代半ばになり、同期の中には、副編集長に昇格する人も出ていましたが、私はヒラのまま。昇進・昇格でも遅れていました。カスタム出版の仕事は面白かったのですが、いつ記者職に戻れるかも分かりませんでした。当時は、毎朝、子供が保育園に行き、自分も出社でき、仕事に穴を開けないという最低限のことが精いっぱいで、記者職に戻ることに考えが及びませんでした。当然、上長に記者職に戻りたいと訴えたこともありませんでした。

結局、記者職に戻ったのは37歳でした。前に在籍していた主婦向けの月刊誌の編集長Kさんが私を引っ張ってくれたのです。在籍当時はデスクであったKさんが昇進し編集長となり、記者職に戻ることを支援してくれたようでした。たぶん、「フモトは小さい子供がいるが、カスタム出版部門でも何とかやっているから、そろそろ記者職に戻してもいいか」と思ったのかもしれません。そのときに思ったのは、会社の異動というのは本人があずかり知らぬところで決まっているものですが、真面目にコツコツと頑張っていれば誰かが見ていてくれる、認めてくれるものだな、ということでした。

日経ウーマンの創刊メンバーで編集長や発行人を務めたというと、私がずっと日経ウーマン編集部に在籍していたと思われがちですが、そうではありません。日経ウーマン編集部には3回出たり入ったりしています。その後、主婦向け月刊誌から、さらに、ライフスタイル誌、別冊編集部を経て、日経ウーマン編集部に再び私が戻ったのは42歳のときでした。どの部署にいたときも新たな気づきと学びがありました。ムダな経験は何一つなく、その後の仕事に生きました。

子育て期に思う存分仕事ができなくても、昇進・昇格で遅れたとしても焦る必要はありません。子供はじきに大きくなり、またあなたは思う存分仕事ができるようになります。子育ての経験はビジネスに生きます。人を育てることのヒントがいろいろあります。思い通りにならない想定外の事態に対して上手に対処できるようになります。子供を育てることも立派なキャリアです。子供がいないときに仕事一辺倒だったのであれば、子育てを通じてあなたは多様な視点を獲得できるでしょう。

あなたが上司になれば、育児期を迎える部下にとってあなたはよきアドバイザーとなります。仕事やキャリアのリカバリーは、子育てが一段落してから、いくらでもできます。この時期にむやみに焦らないことが肝要です。

もし「仕事に意欲のない女性」とラベリングされたら

子供のいないときはバリバリの営業職だったのに、育休から復帰したとたんに営業事務になった。時短勤務を申請したら、時短勤務の女性だけしかいない部署に回された。こうした例もワーママにとっては「あるある話」です。いわゆる「マミートラック」といわれるものです。

マミートラックとは、仕事に復帰した女性に単調な業務しか与えなかったり、「残業ができない」などの理由で出世コースとは違ったコースに回されたりしてしまうことを指します。「時短勤務を取ると、それだけでやる気のない社員とラベリングされてしまい、もう通常コースに戻してもらえない」「復帰した直後は両立できるか不安なので時短勤務を申請したのに、もう戦力として期待されないなんて…」という嘆きの声を多くのワーママから伺いました。

これは女性の意欲を削ぐ大きな問題だと思いますが、もし、あなたが「マミートラック」から脱したいのであれば、その意向を上司にきちんと伝えなければいけません。なぜならば、その上司が男性であれば、無意識のバイアスで、「育児期の女性はチャレンジングな仕事を好まない」「母親社員は育児が大変だから、簡単な仕事のほうがいいに違いない」という思い込みが根強くあるかもしれないからです。その思い込みを払拭するようなプレゼンテーションが必要です。

例えば個人面談などの時間を活用して、「今は復帰したばかりで両立に不安があるため、時短勤務を取りたいのですが、1年後にはフルタイムに戻りたいと思っています。そのときには営業事務から営業職に戻りたいと考えています。これまでの実績と経験を生かして、営業部の戦力となりたいですし、会社に貢献したいと思ってるのです」と上司に伝えましょう。

「部署の成果を最大化するために頑張りたい」「会社に貢献したい」――。この言葉が、あなたを見る上司の目を変えるきっかけになるでしょう。女性がこのような意向を持つはずがないと、これもまた無意識のバイアスで、男性上司は思っている可能性があるからです。それでもなかなか状況が変わらない場合は、メンターやスポンサー的な存在に相談しましょう。育休からの復帰後に時短勤務を取ったことで「マミートラック」から抜け出せないでいたBさんは、次のような手段に訴えたと言います。

「上司Cさんは、時短勤務していた社員は、フルタイム勤務に戻したとしても、〝意欲のない社員〟〝使えないヤツ〟と思い込んでいて、単純な仕事しか与えてくれません。評価も低いままです。このままでは、塩漬けにされてしまうと思って、元の上司Dさんに『私をDさんの部署に引っ張ってくれませんか』と直訴しました」

Dさんは B さんが独身時代に籍を置いていた職場の上司。Bさんが仕事に情熱を注いでいることを分かってくれています。Dさんは、現在の上司Cさんよりも年次も実力もある管理職です。ほどなくしてBさんはDさんの部署に異動となり、それ以降は仕事でも成果を出し、順調に管理職に昇進していきました。マミートラックに陥った場合、こうした手段も検討しつつ、状況を改善していくといいと思います。

パート3

40代〜管理職は意外なほど面白い仕事だった

昇進を喜ぶ子供たちに「許された」と思った

編集長になったのは、44歳のときでした。当時、子供たちは、高校生と中学生になっていました。今は、家族とはグループLINEでメッセージを交換しますが、当時はそんな便利なデジタルツールはなく、忙しい私と子供たちとの連絡は、手紙やメモがメインでした。編集長の内示を受けた夜、自宅に帰ると玄関のところに娘が書いた手紙が置いてあり、そこにはこう書いてありました。

——編集長に決まっておめでとう。よかったね。

娘のこのメッセージを見てうれしくなりました。「許された」と思いました。いくら罪悪感を拭ったとしても、「忙しい母親でごめんね」という申し訳なさは残っていました。それに対して娘は、編集長に昇進したことを祝福してくれたのです。

さらに、続いてこんなことが書かれていました。

――せっかくもらったチャンスだから身を粉に働かないといけないよ。

この言葉にはまいりました。ちょっと上から目線のメッセージには、「アンタはウチの会社の社長なのか」と苦笑いしてしまいました。でも、子供たちの言葉で私は晴れ晴れとした気持ちになりました。

上司から内示を受けたときは、「自分にできるのか」とその重責に少しおののいたりしたのですが、家族からの「よかったね」「うれしい」という言葉を聞いて、昇進が自分の喜びになりました。頑張って仕事をする母親は子供にとって誇りになるのかもしれない。一層、仕事を頑張ろうと思いました。

育児の渦中にいるときは、「こんな綱渡りの生活がいつまで続くのか…」と悩んだものですが、育児は先の見通しが立たちます。時がたてばたつほど子供たちは大きくなって手がかからず楽になっていきます。そして、過ぎてしまえば、あっという間に育児は終わってしまいました。

今、実感しているのは、「女の人生、子育て後のほうがずっと長い」ということです。30歳までに第1子を産んだとして、50歳くらいで子育ては一段落します。人生100年時代ですから、ざっと50年は残りの人生がある。後半の長い人生のためにもキャリアは途切れさせないこと。そしてチャンスは存分に生かすこと。管理職を経験したことで、私は自分のキャリアがさらに広がったと感じました。ですから、そういうオファーがあれば、必ず受けるべし、と私は思います。管理職の仕事は意外なほど面白く、やりがいがあったのです。

管理職の面白さは「ワンチーム」を作ること

そもそも自分はトップの器ではないと思っていました。前任の編集長が強いリーダーシップで編集部をけん引して目覚ましい実績を上げていたということもあり、自分と比べて自信をなくしていたのです。以前に見たある女性誌の星占いで、「あなたは『番頭星』です」と書いてあるのを見て、トップを支えるナンバー2が自分に合っているのかなと思いました。

編集長になってほどなくして、360度評価が実施されました。上司が部下を一方的に評価するだけでなく、部下が上司を評価することで多面的なフィードバックを得られる仕組みです。私の場合、部下からの評価を見たら、とんでもない結果になっていました。部下の評価は「2」と「3」が多かったのです（確か6項目くらいに分かれていて5段階評価だったと記憶しています）。

これはショックでした。部下からのコメントを読んだら、ますます落ち込みました。「リーダーシップが足りない」「全般的に説明が不足している」「考え方がよく分からない」というコメントが目につきました。

みんな、私の前ではニコニコしているけど、部下は心の中ではこう思っているのかと暗澹とした気持ちになりました。

ただ、このフィードバックはとても貴重でした。自分がこうだろうと思っていた自己評価と部下の評価にギャップがあることが分かったのですから。自分はできていると勘違いして、このまま突っ走ったらどういう事態になっていたのかと空恐ろしくなりました。

ネガティブなフィードバックは誰しも受けたくない、しかし、これぞ自分を進化させてくれる宝、ですよね。「傷ついた」「ショックだった」。そういう自分の感情はまずさておき、客観的に指摘された点を改善しようと思いました。「リーダーシップはすぐに身に付かないかも、ただ、説明が不十分という指摘は直せるかな。きちんと時間を取って丁寧に説明しよう」と思いました。

ほかにも、「部員が話しかけやすいムードを作ろう」「一人ひとりとじっくり話すために、全員と個別にランチをしよう」などを心がけました。管理職になるのはそのときが初めてで、すべてが手探り状態でしたが、トライ&エラーでやるしかないと思いました。

そうこうしているうちに、管理職の何たるかが見えてきたように感じました。私は自分が組織を引っ張らないといけない、自分が頑張らなきゃいけないと思っていたのですが、そうではないと。

編集長としてのプレッシャーはありますが、自分が一人で雑誌を作っているのではありません。編集部には右腕となる副編集長、そして優秀な記者がいました。みんなの力を借りればいいと分かりました。私一人が頑張ってもできることはたかが知れています。しかし、みんなの力を結集すればもっとよい雑誌ができると思ったのです。

また、編集長の自分には、広告部長、販売部長という自分と同格の組織の長がいました。編集・広告・販売が三位一体となって頑張ればいい、それぞれ知恵を出し合って協力すれば売り上げがついてくるということが分かってきました。

私は「数字は苦手」だったのですが、これも、計数管理や計数分析が得意なメンバーの力を借りればいいと思い至りました。どんどんいろいろな人に頼っていいのだと思いました。まさに「ワンチーム」で事業に当たっていくことの面白さ、醍醐味が手応えとして感じるようになりました。

人を育てることの面白さもようやく分かりました。私の言葉一つで、いや、表情一つで部下はモチベーションが高くなったり低くなったりする。部下がさらに力を伸ばせるように支援しようと思いました。

自分がよい管理職になれたかどうかは分かりませんが、「ポストが人を作る」の言葉があるように、いろいろな経験を積んで、それらしくはなれたかなと思いました。就任当時のように、自分に自信がなく不安だという気持ちはなくなりました。不安は相変わらず抱えているものの、「何とかなる、何とかする」と思えるようになりました。要するに覚悟ができて肝が据わってきたのだと思います。

幸運に恵まれた40代は「拡張期」

私は、編集長になって3年目のときに、媒体のミッションを決めました。これは上席から指示があったことではなく、自分で決めました。「何のためにこの媒体があるのか」「何のために私たちはこの媒体を作っていくのか」という媒体の意味を明らかにし、編集部で共有することで、何かあったとき、迷ったときに立ち戻る原則を作りたかったのです。そうすれば媒体がぶれないと考えました。

●働く女性の笑顔を増やす
●働く女性の豊かな暮らしとキャリア構築に寄与する
●働く女性が生きやすい、働きやすい社会作りに貢献する

その年の初めての編集会議で披露し、その後、個人面談のときに、部下一人ひとりにその意図するところと自分の思いを伝えました。

「ウーマン・オブ・ザ・イヤー」の受賞者のみなさんが、自分なりのミッションを持っていたことで、その重要性が分かったのかもしれません。40代後半で作った媒体ミッションは、その後の私の人生のミッションへとなりました。

編集長時代、優秀な同僚や部下に恵まれて、売り上げと利益を伸ばすことができて本当に幸運でした。また、伊勢丹新宿店と共同開発したスーツ、さらに日本橋三越本店とのバッグなど商品開発にもトライして新たな売り上げができました。

東日本大震災後は、ＪＴＢと組み、働く女性の被災地ボランティアツアーも実施しました。女性一人用の防災セットも販売しました。といっても、企画立案したのは部下の記者や広告部のメンバーで、私は「ＧＯ」という決断をしたにすぎませんが、雑誌を通じて有益な情報を届けるだけではなく、働く女性に商品やサービスも提供できるようになり、媒体の可能性の広がりを感じました。

キャリアチャートで、私の40代の期間名を選ぶとしたら、「拡張期（キャリアの幅を広げる、新しいことにチャレンジする）」だと思います。管理職としてのキャリアの幅を広げ、雑誌を作ること以外にも新しいことにいろいろ取り組みました。

しかし、編集長を6年務めて、そろそろ次のことを考えるようになりました。管理職のお役目の一つに自分のサクセッサー（後継者）を見つけることがありますが、幸い、優秀な副編集長が多く、そこは困りませんでした。

さて、自分の次なる展開はどうだろう……。こういうときにもキャリアチャートは有効でした。

自分のキャリアの棚卸しをして、期間ごとに名前を書き込むことによって、これまでのキャリアが俯瞰できると前述しましたが、最も重要なのは、実は、次のフェーズをどうするかを自分で決めることなのです。

「これまでは新しいことにチャレンジしていた『拡張期』だったけど、次は自分の強みを深堀りしたいから、『絞り込み期』にしよう」

「今は自分の専門分野を絞り込んでいる時期だから、次はこれを使ってキャリアの幅を広げてみたい」

このような形で、自分が次のフェーズをどのようにしたいかが見えるようになるのです。必然的に、「次にやるべきこと」も分かってきます。

私の場合は、20代はがむしゃらに働いた「模索期」、30代は育児と仕事、綱渡りの毎日だった「バランス期」と「試練期」。40代は副編集長、編集長と昇進していろいろな新しいことに挑戦できた「拡張期」でした。そして次のフェーズである50代で選び取ったのが、「絞り込み期」でした。

「拡張期」から「絞り込み期」へ。もっと専門性を高めたいと思ったんですね。女性のキャリアや企業の女性活躍施策をずっと取材してきたけれども、もっと体系的に学びたい。組織マネジメントや人事制度のことを学びたい。キャリアに関する理論を知りたい。そして自分のテーマを持ち研究をしてみたいと思い至り、それで、50歳で、編集長から1つ上の職位である発行人に昇進するタイミングで、夜間の大学院に通うことにしたのです。

パート4

50代〜大人の学び直しで次なる展開に備える

50歳で夜間大学院に入学

編集長時代、自分で取材して記事を書くということはほとんどなくなっていましたが、その代わりに増えたのが講演の依頼でした。働く女性、ワーキングマザー、管理職、経営者、実にいろいろな方を対象にお話をしました。

東京だけでなく、北は北海道から南は沖縄まで、全国で講演する機会がありました。あるとき、中部地方で講演したときに、その主催者である地元の男女共同参画センターの館長さんが「大学院で学ぶようになったら、閉塞感のあった人生に風穴が開いた」と私に話してくれました。この言葉は私に深く刺さり、いつしか私も大学院で学びたいと思いました。しかし、当時は編集長業務があったので時間的に大学院で学ぶことは無理だとあきらめていました。

しかし、50歳になる直前に局長に昇格し、編集長から4つの媒体の発行人になりました。編集長はその媒体の編集の責任者ですが、発行人は編集長の1つ上の職位で、編集・販売・広告、媒体に関連するすべての責任者となります。日経ウーマンでは編集長から発行人に昇格したのは、初めての例でした。さらなる重責を担うわけですが、初めて昇進したときのような不安はもう薄れていました。

毎月の原稿の締め切りから解放されて、「大学院に行くのは今だ」と思い、行動に移しました。大学院に行こうと決意してから入試までは数カ月くらいしかありませんでしたが、研究テーマと指導していただく大学教授は前もって自分で決めており、その大学院のOB、OGにお会いして、研究の進め方や研究と仕事の両立についてのお話を聴いていたため、そんなに慌てることなく臨めました。

会社に大学院で学びたいと伝えたのは、合格が決定してからです。もしかしたら、

「そんな時間があったらもっと仕事を」と言われるかと思いましたが、それは杞憂でした。当時の上司に快く了承していただきました。学費は全額自分の貯蓄から出しました。

学部の新入生と合同で開催された日本武道館（東京・千代田区）での入学式には張り切って参加しました。会場の係の方からは「保護者の方は2階席へ」と声がかかりますが（それはそうですよね、50歳のおばさんなので保護者に見えて当然です）、私はその声を振り切ってアリーナのど真ん中に座りました。周りは自分の子供よりも若い学生ばかりでした。新入生に向けて、来賓のみなさんがお祝いのスピーチをします。彼らはこうメッセージを送ります。

「あなたたちの前には洋々とした未来が開かれています」

「みなさんには無限の可能性があります」

それを50歳の私も同じように心弾ませて聞いていました。50歳だと定年の60歳まであと10年しかありませんでしたが、私は、定年とか定年後再雇用とか会社年齢に縛られることなく、一生、自分の決めたミッションのために行動しようと決めていました（私のミッションというのは、前述した通り、「働く女性の笑顔を増やす。働く女性の豊かな暮らしとキャリア構築に寄与する。働く女性が生きやすい、働きやすい社会づくりに貢献する」ということです）。

定年になって会社を離れたとしても、自分は一生涯かけてこれを果たしていきたい。このために、今の自分には足りないものがある。単にたくさんの女性や企業を取材した、自分も様々な経験をしただけではダメで、私に不足していた体系的な知識や様々な理論を学ぶために大学院に行こう——。そう思っていたので、来賓のみなさんのスピーチは大きな励ましになりました。

大学院が「サードプレイス」になった

大学院1年目では、平日週2日、午後夕方6時半から夜10時近くまで授業がありました。土曜日は朝9時から夜8時過ぎまで授業があり、ずっと大学院に詰めていました。1年で修士課程修了に必要な単位はほぼ取り終えて、2年目は主に修士論文執筆のためにゼミに通いました。

編集長時代は、定時退社することはほぼありませんでしたが、仕事を調整して残業せずに切り上げて大学院に向かい、アフター5や休日は様々な学術書を読み込むという生活が始まりました。大学院はとても刺激的で、新鮮でした。自分が断片を聞きかじっていたようなことを、様々な理論を体系立てて学ぶことができました。新しい知識を得ることは何歳になっても楽しいことです。ピースがあるべきところに収まり、ジグソーパズルが出来上がるような手応えを感じました。私は大学院でキャリアデザイン学を専攻していたので、「女性とキャリア」という自分のテーマにすぐに応用できる専門知識を得ることができました。

思ってみれば、これまでは持てる知識を要望に合わせて懸命にアウトプットしてきたように思います。それだけでは自分が枯渇してしまう。成果を高めるためにはインプットが必要なのだと実感しました。

また大学院の同期である同級生たちとの交流も楽しいものでした。同級生は全員社会人。医療、教育、サービス、行政と様々な業界で働いている人たちです。修士を目指して切磋琢磨する仲間たちとは、いろいろな情報交換をするとともに、公私ともに悩みを相談し合う仲となりました。強いコミュニティーが社外に形成されました。大学院は、職場とも家庭とも違う自分にとって心地よい居場所「サードプレイス」となったのです。

大学生の頃には学業に熱心とはいえない生活を送っていた自分でしたが、大人の学び直しは違います。自分でお金を払い、自分で決めたテーマに沿って、研究を進める。主体的に取り組まないと前に進めません。

「女性の就業継続と昇進の要因に関する研究」が私のテーマでした。先行研究を読み込み、仮説を立てて、20人の女性たちにインタビューしました。全員役職者になったワーキングマザーたちです。女性登用が進まないという日本の課題に対して、育児期を経て昇進した女性たちの要因を明らかにすることで貢献するというのが研究の目的でした。

インタビューの逐語録の作成とその分析はとても時間がかかりました。なぜ、こんなに時間がかかるのだろうと思ったら、20人の約30年分のキャリアを分析するので、計算上はざっと600年分を分析しているのだから、それは時間がかかって当然と自分を慰めて修士論文執筆にあたりました。

修士論文は通り、無事に修士号を取ることができました。その後、学会で発表したり、学術誌に投稿したり、学会の研究大会の企画委員を務めたり、アカデミアの世界も少しだけ体験することができました。

大学院で学んだことが、キャリアアップや昇給・昇格に即結びついたということはありません。しかし、新たな知識やネットワークが獲得できるなど有益なことが多かったです。何よりも自分の立てた目標をクリアすることができて、自分に自信が持てました。ミッション遂行において大きな武器を手に入れたと思いました。人生100年時代をより豊かにするために大人の学び直しはとても重要だと思います。

定年を前にしてセカンドキャリアを考える

私は、局長のあと、シンクタンクである日経BP総研に異動し、ある研究所の所長となり、そのタイミングで執行役員を拝命しました。女性部下が圧倒的に多かった編集長、局長時代とは違い、自分より年上の男性部下のほうが多いという組織を率いました。女性の組織と男性の組織を率いたこと、この両方の経験をしたことも私にとって学びとなりました。

研究所では、専門領域を持つ研究員たちとともに、主に企業のコンサルティング業務にあたりました。コンサルティング業務では、自分が大学院で学んだ知見やネットワークを存分に生かすことができました。「ダイバーシティ」をテーマにした企業フォーラムも主宰しました。

私個人としては「女性とキャリア」「企業のダイバーシティマネジメント」をテーマに取材し記事を執筆し、本を書く、講演をするというのが50代の主な仕事でした。非常勤講師として大学で教壇に立つという経験もしました。文部科学省や内閣府、林野庁などの有識者委員も務めました。社内のみならず、社外で様々な経験を積ませてもらったというのが50代でした。また、自分が会社の役員になったことで、ほかの会社の女性役員とのネットワークも広がりました。職位が上がると違う世界が広がることを50代で実感しました。

定年を前にしてどんなセカンドキャリアを選ぶかは、50代の大きなテーマですね。今は65歳まで希望すれば定年後再雇用されて同じ会社で働くことが可能ですが、私の知人の女性にはそういう道を選んだ人はあまりいません。修士号に続き、働きながら博士号を取得して大学の教員になった人、スタートアップ企業の経営に参画し代表取締役社長に就任した人、定年後に夢だったドッグカフェをオープンさせた人など、新たな道に進んだ女性たちのほうが多いです。

Uターンして第二の人生を

私の場合は、定年を後3年残し、57歳で会社を退社し、故郷の秋田県大館市に戻りました。高校卒業以来離れた故郷に39年ぶりにUターンして、第二の人生を歩んでいます。子供たちは社会人となり、それぞれ結婚し新たな家庭を築いていますので、親業も完全に卒業です。

私のキャリアの起点は、女性の理不尽な処遇への「怒り」ということはパート1でお話ししました。現在は、女性のみならず、障がいを持っている方を含め、すべての人がやりがいを持って働くことができ、尊厳を持って生きることができる共生社会を実現することが人生のミッションになりました。これは、障がいを持っている家族ができたことがきっかけとなりました。障がいのある方の実態や取り巻く環境を知るにつれ、女性だけでなく、障がいのある方も含めてすべての人が生きやすい社会にしなければいけないと視点が広がりました。

会社で働きながら有給休暇を活用し、スクーリングと実習に通い、50代半ばで社会福祉士の資格を取りました。そして、共生社会を愛する故郷で実現したいとの思いが募り、市長選に出馬するという決断をしました。

20代では、ペンの力で社会を変えたいと思い記者という仕事を選んだ私でしたが、50代で、より直接的に社会を変えるために政治家になろうと決意したのです。そして投開票の50日前に故郷に戻り活動しましたが、思いはかなえられませんでした。

「東京での安定した生活を捨てるなんてもったいない」と言ってくださる方もいま

したが、その決断を後悔することはありません。

今は、故郷を拠点としながら、地元の2つの会社および東証2部上場企業であるユーピーアール株式会社の取締役を務めています。社会福祉士の資格を生かした福祉業界、そしてもとからの家業である火薬類販売業、そしてご縁があり、社外取締役となった物流業界と全く違う業界ではありますが、自分しかできないような貢献をしたいと思って精進しています。また、ありがたいことに、いまだに講演の依頼があり、秋田から全国に飛び回っています。

故郷でハーブガーデンを作ったり、畑仕事をしたり、比内鶏やヤギを飼ったりという、自然が豊かな地方でなければできないような暮らしをしています。また、自分なりの小さな試みとして、どなたでも立ち寄れるような共生カフェもオープンしました。数年前の自分からすると想定外なことだらけではありますが、ワクワクしながら過ごしています。

様々な経験と知見を持ち、気力と体力がまだまだある60代は「ゴールデンエイジ」だと言った人がいました。その意味で言うと、60代はセカンドキャリアではなく、むしろこちらのほうが人生のメーンステージなのかもしれません。そしてこれまでのキャリアはそのための長いプロローグと解釈することもできます。

自分の半生を振り返ると、たくさんの方との素晴らしいご縁に囲まれた、なんとラッキーな人生だったかと思います。失敗もたくさんしましたし、逆境もありましたが、それが全部肥やしになっています。ムダな経験は何一つなく今の自分自身を形づくっているなと思います。

この章で、私のキャリアをご紹介することであなたにお伝えしたいのは、このことです。ですから、自分を信じてどんどんチャレンジしてほしい。失敗したらそこから学んでほしい。そしてあなたらしいキャリアを歩んでいただきたいと思います。

おわりに

この本を書いているときに、「日経ウーマン」編集長時代に自分がやらかしてしまったことが次々と思い出されました。「女だから女性の部下の気持ちは分かるはず」と思ったら全く分かってなかったこと、少し雑誌が売れると調子づいてしまったりしたこと、私の配慮が足りずにエース級の記者が退職したこと、などなど――。「なぜ、あのときもっと話を聴かなかったんだろう」「何をやってたんだろうな、自分は……」と、まるでザンゲのような気持ちになってしまいました。

その自分の管理職としての反省を踏まえつつ、なおかつ私が長い記者生活でお会いした素晴らしい女性管理職・役員のケースをふんだんにご紹介しながら書きあげました。それこそ走馬灯のように、いろいろな場面、様々なエピソード、たくさんの方のお顔が浮かんできました。

多くの学びをいただいた女性リーダーのみなさまに深く感謝いたします。みなさまがいなければこの本は誕生しませんでした。

本書は、いわば、長きにわたる私の記者生活の集大成のようなものであり、なおかつ、35年間在籍していた日経ＢＰに1年遅れで提出した〝卒論〟のようなものかもしれません。

管理職としての自分を思い出すのは反省と後悔なのですが、逆に、自分に様々なチャンスを与えてくれたいい会社で働くことができ、実に優秀な方々に恵まれて支えられ、助けられていたかがよく分かりました。これまでご一緒に仕事をした方すべてに感謝申し上げます。

昇進や管理職になることがキャリアの目的ではありませんし、自分がよい管理職だったのかというと、それには胸を張って「はい」とは到底言えませんが、でも、私は管理職を体験できてよかったと心から思います。そのことで私の人生は大きく変わりました。また、私が管理職にならなければ、このように本を通してあなたと出会うこともなかったでしょうから。たくさんの中から本書を手に取っていただき、ありがとうございます。

管理職になれるのだったらなろうよ。船に乗ってみようよ。
それがあなたの人生の可能性と選択肢を広げてくれる。
管理職になることに不安を感じても、きっと大丈夫。
私でもできたし、あなたならきっとできるから。
女性のリーダーが増えることで、会社のみならず
社会によいインパクトを与えることができるはず。

このことをお伝えしたくてこの本を書きました。
この春に管理職になった女性もたくさんいるでしょう。昇進おめでとうございます。この本が、これから管理職として生きるあなたのそばに置いてもらえて、繰り返し読んでいただけるのなら、著者としてこんなにうれしいことはありません。

私は、昨年故郷秋田にUターンして、自分が生まれ育った自然豊かな広大な丘を「比内《ひない》ヒルズ」と名付けて、現在はそこを拠点にして活動をしています。そんな私

に書籍執筆のチャンスを与えていただいた日経ＢＰの廣松隆志さん、石塚健一朗さん、山崎良兵さんに感謝申し上げます。編集担当の上岡隆さんにはたくさんのご助言と示唆をいただきました。本当にありがとうございました。

最後に、いつも応援してくれる夫、子供たち、母、家族、そして私の人生に貴重な気づきと勇気を与えてくれた愛する孫息子に感謝いたします。

読んでいただいたすべてのみなさまのご活躍とご多幸をお祈りいたします。

２０２０年３月　大館市比内ヒルズにて

麓　幸子

麓 幸子

Sachiko Fumoto

作家・ジャーナリスト（元日経ウーマン編集長）

1962年秋田県生まれ。1984年筑波大学卒業。2014年法政大学大学院経営学研究科修士課程修了。1984年日経BP入社。88年「日経ウーマン」の創刊メンバーとなる。2006年「日経ウーマン」編集長。12年ビズライフ局長。「日経ウーマン」「日経ヘルス」など4媒体の発行人となる。16年日経BP執行役員。18年日経BP総研フェロー。19年退社。現在は故郷の秋田県大館市を拠点に活動する。大館市の未来を創る会代表、一般社団法人敬友代表理事の他、2つの株式会社の役員を務める。同年東証2部上場企業であるユーピーアール株式会社社外取締役に就任。文部科学省、内閣府、林野庁、経団連・21世紀政策研究所研究委員などを歴任。筑波大学非常勤講師。一男一女の母。著書に『地方を変える女性たち』『仕事も私生活もなぜかうまくいく女性の習慣』『女性活躍の教科書』（日経BP）『企業力を高める—女性の活躍推進と働き方改革』（共著、経団連出版）、『就活生の親が今、知っておくべきこと』（日本経済新聞出版社）などがある。

仕事も人生も自分らしく

イマドキ女性管理職の働き方

2020年3月16日　第1版第1刷発行

【著者】麓幸子

【発行者】廣松隆志

【発行】日経BP

【発売】日経BPマーケティング
〒105-8308　東京都港区虎ノ門4-3-12
https://business.nikkei.com/

【編集】上岡隆

【デザイン】鈴木大輔・仲條世菜（ソウルデザイン）

【印刷・製本】大日本印刷株式会社

https://nkbp.jp/booksQA

ISBN 978-4-296-10546-5